广播影视业务教育培训丛书

广播电视播音主持业务

BROADCASTING & TELEVISION

2017—2018

广播影视业务教育培训丛书编写组 编

主　编：王　蓓
副主编：金德龙　张　宏
编写人员（以姓氏笔画为序）：

方　华　仇东方　卢　静　孙树凤　李晓华　陈　亮　吴弘毅　张　俊　林　鸿
周步恒　赵小钦　傅　程　鲁景超　熊智辉　魏开鹏

中国国际广播出版社

图书在版编目（CIP）数据

广播电视播音主持业务 /《广播影视业务教育培训丛书》编写组编.—北京：中国国际广播出版社，2016.8（2017.8重印）

（广播影视业务教育培训丛书）

ISBN 978-7-5078-3890-9

Ⅰ.①广… Ⅱ.①广… Ⅲ.①广播节目—播音—业务培训—教材②广播节目—节目主持人—业务培训—教材③电视节目—播音—业务培训—教材④电视节目—节目主持人—业务培训—教材 Ⅳ.①G222.2

中国版本图书馆CIP数据核字（2016）第132596号

广播电视播音主持业务

编　　者	《广播影视业务教育培训丛书》编写组
责任编辑	杜春梅
版式设计	国广设计室
责任校对	徐秀英

出版发行	中国国际广播出版社　[010-83139469　010-83139489（传真）]
社　　址	北京市西城区天宁寺前街2号北院A座一层
	邮编：100055
网　　址	www.chirp.com.cn
经　　销	新华书店
印　　刷	环球东方（北京）印务有限公司

开　　本	710×1000　1/16
字　　数	100千字
印　　张	12.5
版　　次	2016年8月　北京第一版
印　　次	2017年8月　第二次印刷
定　　价	40.00元

版权所有　盗版必究

目 录

2017年全国广播电视编辑记者、播音员主持人资格
考试大纲 …………………………………………………… 001

第一部分　播音主持工作及播音员主持人职业

一、播音主持工作的性质、宗旨、作用 ………………… 003

　　播音主持工作的性质 ……………………………… 003
　　播音主持工作的宗旨 ……………………………… 003
　　播音主持工作的作用 ……………………………… 004

二、播音主持工作的地位、规律、特点、创作道路 …… 005

　　播音主持工作的地位 ……………………………… 005
　　播音主持工作的规律 ……………………………… 005
　　播音主持工作的特点 ……………………………… 006
　　播音主持的正确创作道路 ………………………… 006

三、播音主持职业规范要求和职业道德准则 …………… 008

　　播音主持职业规范要求 …………………………… 009

播音主持职业道德准则 …………………………………… 013

四、播音主持岗位规范的意义、播音主持工作优良
　　传统和作风…………………………………………………… 014

　　播音主持岗位规范的意义 ……………………………… 014
　　播音主持工作优良传统和作风 ………………………… 016

第二部分　播音主持职业首要的必备基础知识

一、新闻素质……………………………………………………… 021

　　新闻的基本概念 ………………………………………… 021
　　现场报道的基本能力要求 ……………………………… 024

二、语言文字素养………………………………………………… 025

　　对语言文字基本概念、知识的掌握 …………………… 025
　　按照职业要求运用语言文字的基本能力 ……………… 025

三、形体语言、基本礼仪、交流沟通能力…………………… 026

　　形体语言的基本形态、基本功能　形体语言表达的
　　　基本规律 ……………………………………………… 026
　　职业行为中的必备礼仪　作为公众人物的必备礼仪
　　　日常生活中的必备礼仪 ……………………………… 026
　　掌握和遵守交流沟通的基本规则　职业行为中的交
　　　流和沟通 ……………………………………………… 027

第三部分　播音主持理论基础知识

一、播音发声知识 …………………………………… 031

播音发声的基本要求及方法 ………………………… 031
呼吸原理及方法 ……………………………………… 032
呼吸在有声语言表达中的作用 ……………………… 033
口腔控制原理和要领 ………………………………… 033
口腔控制的目的和意义 ……………………………… 034
吐字归音的方法 ……………………………………… 035
吐字归音在语言表达中的作用和意义 ……………… 035

二、普通话语音知识 ………………………………… 036

普通话的概念 ………………………………………… 036
普通话语音特点 ……………………………………… 036
普通话的声母 ………………………………………… 037
普通话的韵母 ………………………………………… 038
普通话的声调 ………………………………………… 039
普通话的语流音变 …………………………………… 040
词的轻重格式 ………………………………………… 042
普通话异读词读音 …………………………………… 042
人名地名的读音 ……………………………………… 043
播音员主持人必备语音工具书 ……………………… 043

三、播音主持语言表达知识 ········· 044

创作准备与思想感情的运动状态 ········· 044

调动思想感情的方法 ········· 050

表达思想感情的方法 ········· 057

即兴口语表达 ········· 064

第四部分　播音主持业务

一、文稿播读 ········· 077

新闻类文稿播读 ········· 077

文艺类文稿播读 ········· 079

社教类文稿播读 ········· 080

财经类文稿播读 ········· 082

二、话题主持 ········· 084

新闻评论类话题主持 ········· 084

财经类话题主持 ········· 085

服务类话题主持 ········· 086

综艺娱乐类话题主持 ········· 087

目 录

第五部分 播音员主持人形象

一、播音员主持人形象概述……………………………… 091
形象的定义 ……………………………………… 091
职业形象 ………………………………………… 091
个人形象 ………………………………………… 092

二、塑造播音员主持人形象的意义和作用……………… 093
有助于塑造媒体形象 …………………………… 093
有助于先进文化的传播 ………………………… 093

三、处理好播音员主持人形象的多重关系……………… 095
职业形象和个人形象的关系 …………………… 095
内在素质和外在形象的关系 …………………… 096
个人和集体的关系 ……………………………… 096

四、塑造播音员主持人形象的具体要求………………… 098
塑造职业形象的基本要求 ……………………… 098
表现职业形象的基本要求 ……………………… 104
注重生活中的形象 ……………………………… 105

《广播电视播音主持业务》模拟试卷与参考答案

  模拟笔试试卷（一）与参考答案 …………………… 111
  模拟笔试试卷（二）与参考答案 …………………… 118
  模拟笔试试卷（三）与参考答案 …………………… 125
  模拟笔试试卷（四）与参考答案 …………………… 132
  模拟笔试试卷（五）与参考答案 …………………… 139
  模拟口试试卷（一）………………………………… 146
  模拟口试试卷（二）………………………………… 151
  模拟口试试卷（三）………………………………… 155
  模拟口试试卷（四）………………………………… 158
  模拟口试试卷（五）………………………………… 162

后记 ………………………………………………………… 166

2017年全国广播电视编辑记者、播音员主持人资格考试大纲

第一章 总则

第一条 为规范广播电视编辑记者、播音员主持人资格管理，做好全国广播电视编辑记者、播音员主持人资格考试工作，根据《广播电视编辑记者、播音员主持人资格考试办法（试行）》（广发人字〔2005〕552号），制定本大纲。

第二条 本大纲是全国广播电视编辑记者、播音员主持人资格考试命题的依据，供考生备考时参考。

第三条 考试科目：

（一）广播电视编辑记者资格考试科目

综合知识；广播电视基础知识；广播电视业务。

（二）广播电视播音员主持人资格考试科目

综合知识；广播电视基础知识；广播电视播音主持业务（笔试）；广播电视播音主持业务（口试）。

第二章 综合知识

第四条 综合知识重点考察考生的知识面和综合素质，要求考生了解所列知识点。

第五条 综合知识考试时间、考试方式和试题类型：

（一）考试时间为90分钟。

（二）考试方式为闭卷、笔试。

（三）试卷满分为100分。

（四）试题类型包括单项选择题和多项选择题。

第六条 综合知识内容包括：

一、政治理论知识

（一）马克思列宁主义理论

世界物质统一性原理 世界的普遍联系和永恒发展 物质决定意识原理 事物矛盾运动的基本原理 唯物辩证法的基本规律 以实践为基础的能动的反映论 真理和检验真理的标准 社会基本矛盾及其运动规律 人民群众和个人在历史上的作用

商品 货币 资本 价值规律 剩余价值 资本主义再生产与资本积累 资本主义基本矛盾 资本主义经济危机

两大发现与科学社会主义的创立 社会发展和人的自由而全面发展 共产主义

（二）毛泽东思想

毛泽东思想的形成和主要内容 新民主主义革命总路线 新民主主义基本纲领 人民民主政权 统一战线 实事求是 群众路线 独立自主、自力更生

（三）中国特色社会主义理论体系

邓小平理论的形成、主要内容、历史地位 "三个代表"重要思想的形成、主要内容、历史地位 科学发展观的形成、主要内容、历史地位、指导意义 中国特色社会主义道路、中国特色

社会主义理论体系、中国特色社会主义制度的形成和发展　中国特色社会主义理论体系是马克思主义中国化的最新成果　建设社会主义文化强国　社会主义核心价值体系　加强党的执政能力建设、先进性和纯洁性建设　党的建设面临"四大考验"、"四种危险"　建设学习型、服务型、创新型的马克思主义执政党　马克思主义中国化、时代化、大众化

习近平总书记系列重要讲话精神和治国理政新理念新思想新战略　坚持和发展中国特色社会主义　改革开放前后两个历史时期的关系　中国特色社会主义的总依据、总布局、总任务　实现中华民族伟大复兴的中国梦　"两个一百年"奋斗目标　进行具有许多新的历史特点的伟大斗争　统筹推进中国特色社会主义"五位一体"总体布局（社会主义市场经济、社会主义民主政治、社会主义先进文化、社会主义和谐社会、社会主义生态文明）　新的历史条件下夺取中国特色社会主义新胜利必须牢牢把握的八个基本要求　倡导和培育社会主义核心价值观　协调推进"四个全面"战略布局　"四个全面"战略布局及相互关系　全面建成小康社会及其目标要求　全面深化改革及其总目标　全面依法治国及其总目标　科学立法、严格执法、公正司法、全民守法的"新十六字"方针　全面从严治党　共产主义理想　党的领导是中国特色社会主义最本质的特征　党的群众路线教育实践活动　"三严三实"专题教育　"两学一做"学习教育　严肃党内政治生活　净化党内政治生态　不忘初心、继续前进　坚定"四个自信"（道路自信、理论自信、制度自信、文化自信）　增强"四个意识"（政治意识、大局意识、核心意识、看齐意识）　人民立场是我们党的根本政治立场　党在社会主义初级阶段的基本路线是党和国家的生命线、人民的幸福线　树立创新、协调、绿色、开放、共享的发展理念　大力推进生态文明建设　推动形成绿色发展方式和

生活方式　经济发展新常态和供给侧结构性改革　深化经济体制改革的核心问题　牢牢掌握意识形态工作领导权和话语权　实现中国优秀传统文化的创造性转化和创新性发展　中国特色社会主义"新五化"发展战略　总体国家安全观　发展21世纪中国的马克思主义和当代中国马克思主义　促进世界和平与发展　中国方案　"一带一路"战略构想　正确义利观和人类命运共同体

（四）近期国内外重大事件

二、法律基础知识与相关法律法规

（一）法律基础知识

中国特色社会主义法律体系的构成

我国公民的基本权利和义务　人民代表大会制度　多党合作和政治协商制度　我国的文化制度　使用语言文字的原则

（二）相关法律法规

宪法

刑法　为境外窃取、刺探、收买、非法提供国家秘密、情报罪　破坏广播电视设施罪　侵犯著作权罪　损害商业信誉、商品声誉罪　虚假广告罪　诬告陷害罪　侮辱罪　诽谤罪　煽动民族仇恨、民族歧视罪　非法获取国家秘密罪　扰乱无线电通讯管理秩序罪　传播淫秽物品罪

民法　民事权利能力和民事行为能力　民事权利　人身权　名誉权　荣誉权　姓名权　肖像权　隐私权　承担民事责任的方式　合同　侵权责任

电影产业促进法　电影的定义　电影的知识产权保护　电影禁止性内容　规范电影市场秩序　电影产业的支持和保障

公共文化服务保障法　公共文化服务的负责部门　公共文化

设施　政府公开公共文化服务信息和媒体监督

知识产权法律体系　著作权　著作权法保护的作品范围　著作权权利种类　著作权权利限制　表演者权利和义务　录音录像制作者权利和义务　广播电台、电视台权利和义务

网络安全法　网络安全等级保护　网络产品和服务强制认证　个人信息保护　网络用户实名制　网络信息发布行为规范

保守国家秘密法　国家秘密范围　法律责任

国家通用语言文字法　国家通用语言文字基本原则　国家通用语言文字使用

《广播电视管理条例》　禁止制作、播放的广播电视节目　广播电视新闻应当遵守的原则　广播电台、电视台使用语言文字的原则　广播电台、电视台审查节目的要求

《政府信息公开条例》　《信息网络传播权保护条例》　《互联网新闻信息服务管理规定》

三、经济学、社会学、文学常识

社会主义初级阶段的基本经济制度和分配制度　社会主义市场经济体制的基本特征　供给与需求　自由经营与政府干预　资源配置　成本与收益　国内生产总值（GDP）　居民消费价格指数（CPI）　恩格尔系数　基尼系数　通货膨胀与通货紧缩　充分就业与失业　财政政策和货币政策　顺差和逆差　外汇与汇率　自由贸易与保护贸易　固定汇率制度与浮动汇率制度　欧盟　区域经济一体化和经济全球化　世界贸易组织　世界银行和国际货币基金组织

社会化　社会角色　社会规范　社区　社会分层　现代化　社会保障

《诗经》《楚辞》《史记》　李白　杜甫　唐宋八大家　《红

楼梦》　新文化运动　鲁迅　沈从文　茅盾　《荷马史诗》　文艺复兴　莎士比亚　巴尔扎克　卡夫卡

第三章　广播电视基础知识

第七条　广播电视基础知识重点考察考生对广播电视工作认知程度，要求考生掌握马克思主义新闻观、党的新闻宣传工作方针原则、新闻工作者的职业道德规范、广播电视常识。

第八条　广播电视基础知识考试时间、考试方式和试题类型：

（一）考试时间为90分钟。

（二）考试方式为闭卷、笔试。

（三）试卷满分为100分。

（四）试题类型包括选择题、简答题、辨析题、论述题。

第九条　广播电视基础知识内容包括：

一、马克思主义新闻观和中国社会主义新闻事业的方针原则

（一）马克思主义新闻观

马克思主义新闻观的含义　马克思主义新闻观的形成与发展　新闻战线"三项学习教育"活动的内涵要求

（二）中国社会主义新闻事业的基本方针

为人民服务、为社会主义服务、为全党全国工作大局服务　团结稳定鼓劲、正面宣传为主

（三）新闻工作的党性原则

党性原则是马克思主义新闻观的根本原则　党性原则的含义与基本要求　坚持党对新闻工作的领导　在新闻实践中做到对党

负责和对人民负责的统一

（四）舆论导向

舆论导向的含义　坚持正确舆论导向的基本要求　坚持正确舆论导向必须把好关、把好度

（五）舆论监督

舆论监督的实质　舆论监督的社会功能　正确行使舆论监督职能　坚持建设性监督、科学监督、依法监督的原则　把握大局，提高舆论监督水平

（六）政治家办报办台

"政治家办报"的提出与发展　政治家办报办台的基本要求　在新形势下坚持政治家办报办台

（七）新闻真实性原则

新闻是新近发生的事实的报道　新闻定义的内涵

真实是新闻的生命　新闻真实的本质要求与具体要求　实事求是是新闻工作的根本出发点　坚持准确、公正、全面、客观的报道原则　当前新闻真实性方面存在的问题及如何坚持新闻的真实性

以辩证唯物主义反映论指导新闻工作　新闻报道必须以事实为依据　新闻手段　客观报道　全面把握和正确反映社会生活的本质和主流　发扬深入实际、调查研究、求真务实、实事求是的作风

（八）新闻价值

新闻价值的含义　新闻价值的要素　新闻价值的客观性与综合性　新闻价值取向

（九）新闻事业的性质

新闻事业是一定社会的经济基础通过新闻手段的反映　新闻

事业属于上层建筑意识形态范畴　新闻事业是综合国力和国家形象的体现　新闻事业的产业属性

（十）贴近实际、贴近生活、贴近群众

"三贴近"原则的含义和基本要求　"三贴近"原则是新闻宣传工作贯彻"三个代表"重要思想的具体化　按照"三贴近"原则加强和改进新闻宣传工作

（十一）社会效益第一，社会效益与经济效益统一

坚持把社会效益放在首位，努力实现社会效益与经济效益的统一

（十二）文艺方针政策

"二为方向"　"双百方针"　弘扬主旋律，提倡多样化　思想性、艺术性、观赏性三统一　"三贴近"

（十三）对外宣传工作的基本原则

（十四）党的十八大以来习近平总书记关于新闻舆论工作与文艺工作的重要讲话

在全国宣传思想工作会议上的讲话　在文艺工作座谈会上的讲话　视察解放军报社的讲话　在党的新闻舆论工作座谈会上的讲话　在网络安全和信息化工作座谈会上的讲话　在庆祝中国共产党成立95周年大会上的讲话　在中国文联十大、中国作协九大开幕式上的讲话

（十五）关于推动传统媒体和新兴媒体融合发展的指导意见

二、新闻工作者职业道德

（一）新闻工作者责任

新闻职业与新闻工作者　新闻工作者的职业特征　新闻工

作者的社会责任　新闻工作者的职业修养

（二）新闻职业道德

新闻职业道德的本质特征　新闻职业道德的基本原则和规范　新闻工作的法律规范　新闻工作者职业道德建设的意义　违反新闻工作者职业道德的行为

（三）广播电视工作者职业道德

《中国新闻工作者职业道德准则》（2009年修订颁布）《中国广播电视编辑记者职业道德准则》《中国广播电视播音员主持人职业道德准则》《新闻从业人员职务行为信息管理办法》《新闻出版广播影视从业人员廉洁行为若干规定》《新闻出版广播影视从业人员职业道德自律公约》《中国记协新闻道德委员会章程（试行）》

三、广播电视常识

（一）新中国广播电视发展

延安新华广播电台　北平新华广播电台　中央广播事业局　广播电视部　国家广播电影电视总局　国家新闻出版广电总局　中央人民广播电台　中国国际广播电台　中央电视台　中国国际电视台（中国环球电视网）　央广网　国际在线　中国网络电视台

（二）广播电视节目概述

广播电视节目　广播电视的传播特点　广播的传播符号　电视的传播符号　电视影像的要素　广播电视新闻的语言表达　广播新闻中音响与文字的关系　电视新闻中画面、音响与文字的关系　新媒体的概念和种类　媒体融合　网络直播　拍客　UGC（用户生产内容）　网络主播

第四章　广播电视业务

第十条　广播电视业务重点考察考生的广播电视采编能力，要求考生掌握采、写、编、评的基本技能。

第十一条　广播电视业务考试时间、考试方式和试题类型：

（一）考试时间为 150 分钟。

（二）考试方式为闭卷、笔试。

（三）试卷满分为 100 分。

（四）试题类型包括选择题、案例分析题、写作题。

第十二条　广播电视业务内容包括：

一、广播电视采访

（一）广播电视新闻采访

新闻采访　广播电视新闻采访的要求

（二）广播电视新闻采访的选题

新闻线索　确立选题的标准　选题的方法和步骤

（三）广播电视采访准备

广播电视采访的准备　采访提纲的撰写　记者在现场的介入方式　采访对象的选择

（四）广播电视采访方法

现场观察　广播采录的基本要求　电视摄录的基本要求　体验式采访

二、广播电视写作

（一）广播电视新闻写作的基本要求

符合广播电视媒体特点　用事实说话

（二）广播电视新闻的结构要求

结构线索清晰　层次清楚　核心信息处理突出

（三）广播电视消息

广播电视消息　新闻要素　背景　导语　广播电视消息常用结构

（四）广播电视新闻专题

广播电视新闻专题特点　广播电视新闻专题表达手段　广播电视新闻专题常用结构

（五）广播电视现场报道

广播电视现场报道　现场直播

（六）广播电视连续报道与系列报道

连续报道　连续报道的基本要求　系列报道　系列报道的基本要求

（七）深度报道

三、广播电视编辑

（一）新闻编辑的主要职责和具体工作

新闻编辑工作的主要职责　选题确定　编辑工作流程　新闻报道的策划　选择稿件　修改稿件　制作标题　栏目编排　录制播出　直播导播　通联　报道策划

（二）节目编辑合成

音像编辑合成　新闻类节目音像编辑的基本原则　广播新闻编辑手法和技巧　电视新闻编辑手法和技巧　情景再现

（三）广播电视新闻节目编排

栏目编排思想　新闻编排技巧

四、广播电视评论

（一）新闻评论的特点与功能

新闻评论　新闻评论的功能　新闻评论的特点　广播电视新闻评论的特点

（二）新闻评论的说理

论点　论据　论证　据事说理　对比说理

（三）广播电视评论类型

本台评论　本台短评　编后话　新闻述评　谈话类评论　舆论监督节目

五、广播电视报道类型及规范

案件报道　批评性报道　灾难报道　突发事件报道　死亡报道　暴力报道　未成年人报道规范　隐性采访　图片报道　报道中的禁用词　出镜报道

第五章　广播电视播音主持业务

第十三条　广播电视播音主持业务，重点考察考生对播音主持工作的理解和认识、对播音主持理论基本知识的掌握和运用，以及播音主持的实际操作能力。要求考生能以正确的传播理念、良好的声音形象和屏幕形象、标准的普通话和规范而丰富生动的语言表达，完成广播电视的播音主持工作。

第十四条　广播电视播音主持业务考试时间、考试方式和试题类型：

（一）笔试

1.考试时间为150分钟。

2. 考试方式为闭卷。

3. 试卷满分为 100 分。

4. 试题类型包括选择题、简答题、写作题。

（二）口试

1. 准备时间为 10 分钟，考试时间为 5 分钟。

2. 考试方式为闭卷，现场抽题、现场准备、现场考试并录像。

3. 口试满分为 100 分。

4. 试题类型包括新闻播报、话题主持。

第十五条　广播电视播音主持业务内容包括：

一、播音主持工作及播音员主持人职业

（一）播音主持工作的性质、宗旨、意义

播音主持工作的性质　播音主持工作的宗旨　播音主持工作的意义

（二）播音主持工作的责任

牢固树立党的宣传员和新闻工作者的责任意识　自觉维护祖国语言文字的纯洁　遵纪守法廉洁自律　树立良好的职业形象和社会公众人物形象　勤奋敬业德艺双馨

（三）播音主持工作的地位、规律、特点、创作道路

播音主持工作的地位　播音主持工作的规律　播音主持工作的特点　播音主持正确的创作道路

（四）播音主持职业规范要求和职业道德准则

播音主持职业规范要求

严格区分职业行为和个人行为　遵守和尊重播音主持工作的各项法律法规　遵守和尊重播音主持创作规律认真严肃对待每一次播出　严格遵守安全播出的各项规章制度　尊重被采访对象（特

别是未成年人、残疾人、社会弱势群体等）

播音主持职业道德准则

责任　品格　形象　语言　廉洁

（五）播音主持岗位规范的意义、播音主持工作优良传统和作风

播音主持岗位规范的意义

有助于培养严谨的工作作风　有利于提高播出质量　有助于塑造良好的媒体形象　以高水平、高质量的播出，树立自己的职业形象　以谦虚的态度和精湛的艺术，尊重和保护自己的职业尊严

播音主持工作优良传统和作风

坚定正确的政治方向　尽职尽责的承担职业责任　全方位主动积极学习积累广博的文化知识　一丝不苟的勤学苦练专业基本功　严谨细致的工作作风　表里如一的慎独品格　精益求精的敬业精神

二、播音主持职业首要的必备基础知识

（一）新闻素质

新闻的基本概念：真实性　准确性　价值　意义等

现场报道的基本能力要求：细致的现场观察能力　敏锐的新闻洞察能力　综合分析、理清思路的逻辑能力　准确的语言表述能力等

（二）语言文字素养

1. 对语言文字基本概念、知识的掌握
2. 按照职业要求运用语言文字的基本能力

基本的准确运用词语概念表述的能力　符合语法规范、用基

本通顺的语句叙述内容的能力　思路清晰、条理层次分明的逻辑能力　语言生动形象的修辞能力

（三）形体语言、基本礼仪、交流沟通能力

形体语言的基本形态　形体语言的基本功能　形体语言表达的基本规律

职业行为中的必备礼仪　作为公众人物的必备礼仪　日常生活中的必备礼仪

掌握和遵守交流沟通的基本规则　职业行为中的交流和沟通

三、播音主持理论基础知识

（一）播音发声知识

播音发声的基本要求及方法　呼吸原理及方法　呼吸在有声语言表达中的作用　口腔控制原理和要领　口腔控制的目的和意义　吐字归音的方法　吐字归音在语言表达中的作用和意义

（二）普通话语音知识

普通话概念　普通话语音特点　普通话声母、韵母、声调、语流音变、词的轻重格式等知识　普通话异读词读音　人名地名的读音　播音员主持人必备语音工具书

（三）播音主持语言表达知识

1. 创作准备与思想感情的运动状态

备稿的定义、内容、方法以及应注意的问题　思想感情的运动状态　感受、态度、感情　具体感受与整体感受

2. 调动思想感情的方法

情景再现的定义、展开过程以及应注意的问题　内在语的定义、作用、分类以及把握　对象感的定义、特征、把握以及应避免的几个误区

3. 表达思想感情的方法

停连的定义、作用、位置的确定以及表达　重音的定义、作用、位置的确定以及表达　语气的定义、感情色彩和分量、声音形式　节奏的定义、类型以及方法

4. 即兴口语表达

广播电视即兴口语表达的范畴和现状　广播电视即兴口语运用的原则　广播电视即兴口语表达的原则　厚积薄发对即兴口语运用和表达的积极意义　串联词的定义、功能、把握以及创作追求　临场应变——即兴口语表达的致臻境界　即兴口语表达易出现的问题　临场应变的定义、要求、依据、现场控制以及应变策略

四、播音主持业务

（一）文稿播读

1. 新闻类节目及其分类　新闻文稿播读的总体要求　新闻消息的播读　新闻评论的播读　新闻专稿的播读

2. 文艺类节目及其分类　文艺类文稿播读的总体要求　文艺类文稿播读的具体要求

3. 社教类节目及其分类　社教类文稿播读的总体要求　社教类文稿播读的具体要求

4. 财经类节目及其分类　财经类文稿播读的总体要求　财经类文稿播读的具体要求

（二）话题主持

1. 新闻评论类节目的界定和分类　新闻评论类专题主持的基本要求

2. 财经类节目的界定和分类　财经类专题主持的基本要求

3. 服务类节目的界定和分类　服务类专题主持的基本要求

4.综艺娱乐类节目的界定和分类　综艺娱乐类专题主持的基本要求

五、播音员主持人形象

（一）播音员主持人的形象概述

1.形象的定义

2.职业形象（声音形象、屏幕形象、社会公众形象）个人形象

（二）塑造播音员主持人形象的意义和作用

1.有助于塑造媒体形象

2.有助于先进文化的传播

（三）处理好播音员主持人形象的多重关系

1.职业形象与个人形象的关系

2.内在素质与外在形象的关系

3.个人和集体的关系

（四）塑造播音员主持人形象的具体要求

1.塑造职业形象的基本要求

声音形象塑造的基本常识和技巧　职业着装的基本概念及搭配技巧　发型造型的基本常识和要求　化妆造型的基本原则及技巧　饰物佩戴的基本常识

2.表现职业形象的基本要求

体现媒体责任和个人品德　符合中华民族文化传统　尊重大众审美情趣和欣赏习惯　体态与节目的统一、语言与体态的和谐

3.注重生活中的形象

良好的语言习惯、规范的体态语言　注意言谈举止的社会影响　尊重和保护好自己的职业形象和个人形象

六、口试内容和评判标准

（一）口试内容

1. 新闻播报。应试者面对镜头播报一条自己抽取的新闻稿。

2. 话题主持。应试者从不同栏目类型的话题中选择一题，面对镜头主持。

（二）口试标准

A 级

1. 声音状态：

播报和主持节目时，发声状态积极、饱满、大气；声音运用松弛、自如、通畅；声音干净、明朗、圆润、大方。

2. 语音面貌：

播报和主持节目时，语音标准，声、韵、调准确无误；语音连贯、流畅；吐字清晰、准确；语调自然。

3. 形象气质：

形象端正、大方，服饰、妆容、仪态、仪表符合广播电视职业规范。

4. 语言表达：

新闻播报：理解准确，感受具体，感情真挚，基调恰切；语言目的明确，停连重音准确，语句流畅，语气生动，分寸得当；语言表达时状态积极，与受众有真切交流，仪态自然大方；能准确鲜明的体现所播节目的基本形态和特征。

话题主持：导向正确，态度鲜明；内容充实，言之有物；能实现节目的播出目的。

思路清晰，逻辑感强；语言表述准确规范，符合广播电视语体特征和语境；语言表达顺畅，对象感、交流感强；语言运用生动、形象；现场反应积极、敏捷，表现富有个性，能体现栏目特色。

B 级

1. 声音状态：

播报和主持节目时，发声状态较积极、饱满、大气；声音运用较松弛、自如、通畅；声音较干净、明朗、圆润、大方。

2. 语音面貌：

播报和主持节目时，语音基本标准，声、韵、调基本准确，偶有失误；语音基本连贯、流畅；吐字基本清晰、准确；语调总体自然。

3. 形象气质：

形象、妆饰、仪态、仪表符合广播电视职业规范。

4. 语言表达：

新闻播报：理解正确，有一定感受；感情、基调基本恰切；语言目的基本明确，停连重音无明显失误；语气、分寸把握基本到位；语言表达时状态积极，语句顺畅，有一定的对象感，自然大方。

话题主持：导向正确，态度鲜明；内容比较充实具体；能基本实现播出的具体目的。

思路清晰，逻辑基本清楚；语言表述基本规范，符合广播电视语体特征和语境；语言表达基本顺畅，有一定的对象感、交流感；语言运用偶有词汇、语法等失误；现场反应积极，基本能体现栏目特色及个性。

第六章　附则

第十六条　本大纲由国家新闻出版广电总局资格考试委员会办公室负责解释。

第一部分
播音主持工作及播音员主持人职业

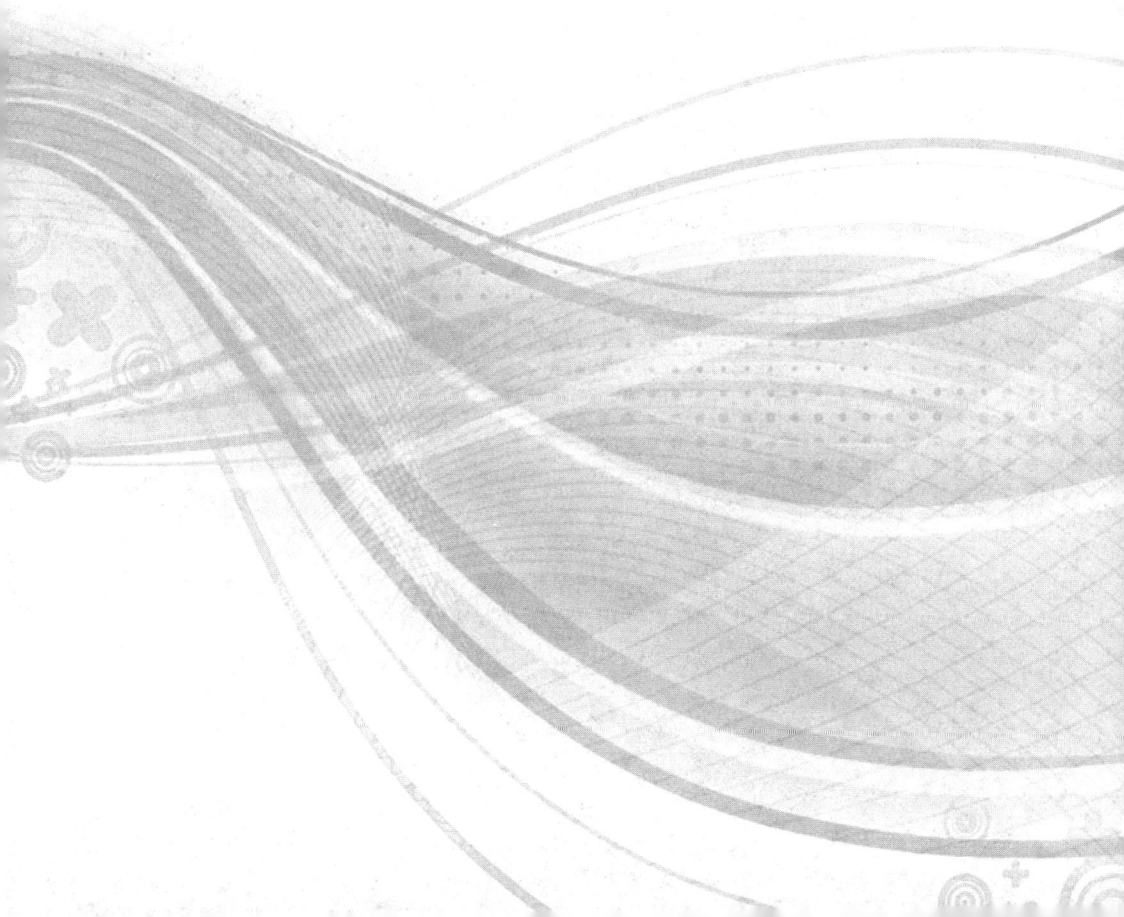

一、播音主持工作的性质、宗旨、作用

▶ 复习要点提示

● 掌握播音主持工作的性质、宗旨、作用。

播音主持工作的性质

播音是一项创造性的活动。播音学是一门独立的学科。

播音是指播音员和节目主持人运用有声语言和副语言，通过广播、电视传媒所进行的传播信息的创造性活动。播音是广播电视传播过程中关键的一环，是广播电视事业的一个重要组成部分。播音与主持既包含自然属性，又包含社会属性，既包括新闻性，又具有言语传播和艺术的属性等。这众多属性同时发挥作用，构成了播音的性质。同时，这众多属性又不是平均用力，作用均等，其中，新闻性占据举足轻重的位置。新闻的真实性原则，使得播音创作中播音员情感的表达与演员表演中情感的表达有了质的区别。新闻的时效性、报道的连续性、政策分寸的把握，使得播音言语表达技巧区别于朗读、朗诵、讲演等，播音言语活动具有了自身的规定性。所以说，新闻性是其根本属性。

播音主持工作的宗旨

为党的宣传工作服务。为人民群众服务。把实现好、维护好、发展好最广大人民的基本利益作为出发点和落脚点，坚持以民为本、以人为本。

播音主持工作的作用

播音与主持工作在广播电视传播中具有重要的作用，具体表现为：

（1）传递信息，体现态度，揭示语义内涵，表明思想实质，具有了解和认识社会的作用。

（2）传达感情，形象具体生动，吸引感染受众，具有鼓舞、教育、激励作用。

（3）规范美化语言，建设语言文明，具有语言表达的审美示范作用。

二、播音主持工作的地位、规律、特点、创作道路

> **复习要点提示**
> - 掌握播音主持工作的规律。
> - 掌握播音主持工作的特点。
> - 了解播音创作的基本内容。

播音主持工作的地位

播音和主持在广播电视节目传播中的地位是十分重要的。首先,播音主持处于广播电视的最前沿。传播前沿的地位,要求播音员和节目主持人把握好传播规律,提高有声语言和副语言传播的功力和水平,在受众中树立良好的公众形象。其次,播音与主持又是广播电视的"中介之序"。可以说播音与主持凝聚了所有创作活动的成果。从某种意义上讲,没有播音与主持就没有完整的真正意义上的广播电视。最后,播音与主持又是联系党、政府和人民群众的"桥梁和纽带"。播音员与主持人正是这个桥梁与纽带的凝结点。

播音主持工作的规律

播音主持工作是有规律的,掌握其规律有利于更好地进行播

音主持专业学习和开展播音主持工作。播音主持工作的规律一方面表现在播音主持理论基础知识与业务上，主要内容是把握发声、语音、表达等方面的技巧，熟悉各类文稿播读与各类话题主持。另一方面则表现在播音主持工作与人类社会发展规律、社会主义建设规律和中国共产党执政规律的内在统一上。

播音主持工作的特点

广播电视播音与主持是一种通过传播媒介进行的有声语言创作。从有声语言这一角度观察，它区别于生活语言、戏剧语言、曲艺语言……而具有自身的特点。这些特点以广播电视的性质、任务为根本，以国情为土壤，以民族文化为背景，以历史经验和传播规律为源泉，以提高语言的质量为目的。这些特点既涵盖了广播播音的以声传情、声情并茂，又涵盖了电视播音的声画和谐、形神兼备。

播音与主持的语言特点具体概括为：（1）规范性。（2）庄重性。（3）鼓动性。（4）时代感。（5）分寸感。（6）亲切感。

播音主持的正确创作道路

播音是一项语言创作活动，但它不仅仅是个语言问题。播音是创作主体（广播、电视播音员、节目主持人）站在一定的立场上，以科学的世界观为指导，对社会生活进行观察、体验、分析、综合，以及加工提炼，经过艺术构思，最终以有声语言加以表现的创造性劳动。

播音能否遵循正确的创作道路，是每一位播音创作者面对的基本问题，也是每一次播音创作都必然要经历的实际问题，因此也成为播音创作基础理论中首先要明确的重要命题，并且是播音实践中不能须臾离开的创作指导思想。

关于正确的播音创作道路，可以这样概括：站在无产阶级的党性和党的政策的立场上，以新闻工作者特有的敏感，把握国内外形势的发展变化和人民群众的思想实际，准确及时地、高效率地、高质量地完成理解稿件——具体感受——形之于声——给予受众的过程，以积极自如的话筒前状态进行有声语言的创造，达到恰切的思想感情与尽可能完美的语言技巧的统一，达到体裁风格与声音形式的统一，准确、鲜明、生动地传达出稿件的精神实质，发挥广播电视教育和鼓舞广大人民群众的作用。

正确的播音创作道路包含了丰富的内容：播音创作的原则、播音创作的源泉、播音创作的新闻属性、播音创作的自身特点、播音创作的标准和任务。它立足于播音创作自身的特点，着眼于播音创作的大环境，较为全面而深刻地反映了播音创作的质的规定性。坚持正确的创作道路，要反对"唯情论"、"唯美论"和其他违背创作规律的不良倾向。

三、播音主持职业规范要求和职业道德准则

> **复习要点提示**
>
> ● 掌握播音主持职业规范要求。

播音员主持人职业规范的要求，首先是对职业道德的要求。播音员主持人首先要成为高尚情操的实践者，以高洁的人格、高远的人生境界激励自己。这样，在语言传播的实践中，节目中所倡导的那些精神、美德、境界才会不仅出于自己之口，而且发自于本心，才会有感染受众的魅力，使他们相信并努力实践。其次是业务要求。播音员主持人过硬的业务能力和严谨的工作作风，有助于播音员主持人全心全意完成话筒前、镜头前的创作。在有声语言的创作活动过程中，调动自己的主动性、创造性，调动自己的认知和情感，以"非说不可"的创作状态驾驭节目的进程，从而完成传递信息、传授知识、传播真理、传播真情的任务，最大限度地满足受众多方面、多层次的需求。

原国家广播电影电视总局颁发的《中国广播电视播音员主持人职业道德准则》，对播音员主持人岗位规范有明确的要求。

播音主持职业规范要求

1. 牢固树立党的宣传员和新闻工作者的责任意识

（1）广播电视播音员主持人所从事的事业，担负着传播先进文化，弘扬民族精神，维护国家利益，促进经济社会发展，推动人类文明的崇高使命和社会责任。

（2）热爱祖国和人民，珍视国家和人民赋予的权利，全心全意为人民服务，为社会主义服务，为党和国家工作的大局服务。

（3）忠诚党的新闻事业，坚持党性原则，坚定执行党的路线、方针、政策。

（4）自觉遵守宪法和法律、法规。

（5）保守国家秘密。

（6）真实报道新闻，正确引导舆论，努力传播知识，热情提供服务，不断满足广大人民群众的精神和文化需要。

2. 自觉维护祖国语言的纯洁

播音员主持人是有声语言工作者，普通话是汉语普通话节目的播音员主持人的工作语言，因此，坚持使用标准的普通话播音主持，应该是最基本的语言要求。那种夹杂方言、夹杂外语、带有港台腔调的播音主持，都是不符合播音主持语言规范的。

1997年8月国务院发布的《广播电视管理条例》中规定：广播电台、电视台应当使用规范的语言文字。广播电台、电视台应当推广全国通用的普通话。2000年10月全国人大通过的《中华人民共和国国家通用语言文字法》中规定：广播电台、电视台以普通话为基本的播音用语；凡以普通话作为工作语言的岗位，其工作人员应当具备说普通话的能力。以普通话作为工作语言的播音员节目主持人和影视话剧演员、教师、国家机关工作人员的普通话水平，应当分别达到国家规定的等级标准。国家语言文字工作委员会、国家教育委员会、广播电影电视部在1994年10月联合发布的《关于开展普通话水平测试工作的决定》中要求：县级以上（含县级）广播电台和电视台的播音员、节目主持人普通话应达到一级水平。

《中国广播电视播音员主持人职业道德准则》对语言的使用有更为具体的要求：广播电视播音员主持人要积极推广、普及普通话，规范使用通用语言文字，维护祖国语言和文字的纯洁，发挥示范作用。不模仿有地域特点的发音和表达方式，不使用对规范语言有损害的口音、语调、粗俗语言、俚语、行话，不在普通话中夹杂不必要的外文。用词造句要遵守现代汉语的语法规则，语序合理，修辞恰当，层次清楚。避免滥用方言词语、文言词语、简称略语或生造词语。

3. 遵纪守法　廉洁自律

2004年6月原国家广播电影电视总局在《广播电视编辑记者、播音员主持人资格管理暂行规定》第27条中，要求广播电视播音员主持人在执业活动中应当履行以下义务：严守工作纪律，服从所在机构的管理，认真履行岗位职责；树立良好的公众形象和健康向上的精神风貌。

中国广播电视协会2005年8月发布的《中国广播电视播音员主持人自律公约》中也指出："广播电视播音员主持人是广播电视的形象代表，在传播先进文化，弘扬民族精神，维护国家利益，促进社会进步方面担负着不可推卸的责任。"并特别提出：应"自觉维护广播电视媒体的公信力和播音员主持人的公众形象。自觉约束日常行为，自尊自爱，洁身自好。"正是由于播音主持工作对媒体形象有着重要影响，因此，早在 1995 年《广播电影电视部关于广播电台、电视台外借播音员节目主持人的暂行规定》中，就提出过一些有关岗位规范的明确要求，如播音员、节目主持人参加外单位的节目主持、录音、配音工作，一律由单位统一组织和管理，个人不得私自联系外借事宜；外借广播电台、电视台播音员、节目主持人不准从事盈利性活动的主持，不准从事歌厅、舞厅、酒吧和私人庆典活动的主持，不准做广告等。

4. 树立良好的职业形象和社会公众人物形象

防止低俗之风

在播音主持工作中，坚持播出内容与播出形式的高品质、高品位，不迎合低级趣味，拒绝有害于民族文化、社会公德的庸俗报道，努力营造有利于青少年健康成长的文化环境，应该是播音员主持人工作规范中的重要一条。《中国广播电视播音员主持人职业道德准则》对此做了明确要求。

2004 年 4 月原国家广播电影电视总局在《广播影视加强和改进未成年人思想道德建设的实施方案》中对防止低俗化的问题，做了更为具体的规定：要坚决纠正节目主持人在着装、发型、语言以及整体风格方面低俗媚俗现象。广播影视节目主持人在着装、发型、语言以及整体风格上，应该充分考虑全社会特别是未成年人的欣赏习惯、审美情趣，切实做到高雅、端庄、稳重、大方，不能因过分突出个人风格、个人品位而标新立异、哗众取宠，不能为追求所谓的"轰动效应"而迎合低级趣味。主持人不宜穿着过分暴露和样式怪异的服装；避免佩戴带有明显不良含义标识图案的服饰。主持人的发型不宜古怪夸张，不宜将头发染成五颜六色；不要模仿不雅的主持风格，也不要一味追求不符合广大观众特别是未成年人审美情趣的极端个性化的主持方式，更不要为迎合少数观众的猎奇心理、畸形心态而极尽夸张怪诞的言行与表情。

尊重被采访对象

被采访对象是播音员主持人完成本职工作的合作者，尊重他们既是职业道德的要求，又是工作规范的要求。播音员主持人的言谈举止、对采访对象的态度不仅影响着采访效果，而且也影响到采访对象和受众对媒体的看法。尊重被采访对象，首先是注意礼貌。说话不要自以为是、盛气凌人。其次要尊重对方的风俗习惯、地位身份，提问得体，不要不合时宜地提问，也不要太让对方难堪。特别是对于一些敏感的、涉及他人隐私的话题，更要尊重采访对象，在征求对方意见后，再以对方所能接受的方式提出。最后，在对方回答问题时，要仔细倾听，不要随意打断，也不要东张西望、心不在焉。《中国广播电视播音员主持人职业道德准则》中对此提出了具体要求：采访意外事件，应顾及受害人及亲属的感受，在提问和录音、录像时应避免对其心理造成伤害。要尊重公民和法人的名誉权、荣誉权，尊重个人隐私权、肖像权。不揭人隐私，避免损害他人名誉的报道。

照顾未成年受众

未成年人是广播电视重要的受众群，播音员主持人在工作中应充分注意到未成年人的特点，从内容到语言表达方式的选择，都要有利于青少年的身心健康，防止出现负面影响。

《中国广播电视播音员主持人职业道德准则》中要求：要努力营造有利于未成年人健康成长的文化环境。不动员未成年人参与可能损害他们性格和感情的节目；对有可能被未成年人模仿而导致不良后果的播出内容和播出形式要加以防范。尊重和保护未成年人、妇女、老人和残疾人的合法权益。报道违法犯罪的未成年人和性侵犯的受害者时，录音、图像应经过特殊处理，使之不可辨认；不公布其真实姓名，不描述犯罪过程。

5. 勤奋敬业　德艺双馨

（1）广播电视播音员主持人应恪守敬业奉献、诚实公正、团结协作、遵纪守法的职业道德，谦虚谨慎，追求德艺双馨。

（2）坚持播出内容与播出形式的高品质、高品位，不迎合低级趣味，拒绝有害于民族文化、社会公德的庸俗报道。

（3）努力营造有利于未成年人健康成长的文化环境。不动员未成年人参与可能损害他们性格和感情的节目；对有可能被未成年人模仿而导致不良后果的播出内容和播出形式要加以防范。

（4）采访意外事件，应顾及受害人及亲属的感受，在提问和录音、录像时应避免对其心理造成伤害。

（5）尊重公民和法人的名誉权、荣誉权，尊重个人隐私权、肖像权。不揭人隐私，避免损害他人名誉的报道。

（6）尊重和保护未成年人、妇女、老人和残疾人的合法权益。报道违法犯罪的未成年人和性侵犯的受害者时，录音、图像应经过特殊处理，使之不可辨认；不公布其真实姓名，不描述犯罪过程。

（7）同行之间互相尊重，互相学习，互相支持，开展正当的业务竞争。

播音主持职业道德准则

播音员主持人首先要成为高尚情操的实践者，以高洁的人格、高远的人生境界激励自己。这样，在语言传播的实践中、节目中所倡导的那些精神、美德、境界才会不仅出于自己之口，而且发自于本心，才会有感染受众的魅力，使他们相信并努力实践。（详见"播音主持职业规范要求"。）

四、播音主持岗位规范的意义、播音主持工作优良传统和作风

> **复习要点提示**

- 掌握播音主持岗位规范的意义。
- 掌握播音主持工作优良传统和作风。

播音主持岗位规范的意义

1. 有助于培养严谨的工作作风

播音员主持人工作的岗位规范,是根据这一专业的岗位特点对播音员主持人提出的工作要求和规定。它是在职上岗的标准,是进行岗位培训和考核的尺度。规范播音员主持人岗位的工作,有助于培养这一特殊岗位的专业人员形成严谨的工作作风,督促他们认真履行自己的岗位职责。《中国广播电视播音员主持人职业道德准则》第7条要求:广播电视播音员主持人应恪守敬业奉献、诚实公正、团结协作、遵纪守法的职业道德,谦虚谨慎,追求德艺双馨。在最后规定的罚则中规定:违犯本准则的播音员主持人,将在行业内通报批评;触犯党纪政纪的,给予党纪政纪处分;触犯法律的,移送司法机关处理。这些要求都是为了保障岗位规范能够得以严格执行。

2. 有利于提高播出质量

播音主持工作是广播电视语言传播流程中最后的、也是最重要的一环，所有前期工作的成果，都要通过播音员主持人创造性的工作来体现。同时，播音员主持人也是节目的把关人之一，一切影响传播效果的问题，必须及时发现和处理。因此，播音员主持人自觉遵守岗位规范，严格自律，才能保证工作中专心致志，一丝不苟，准确、鲜明、生动地传达出节目的精神实质，不出政治问题，不出或最大限度减少语言差错。这对于提高节目的播出质量是至关重要的。

3. 有助于塑造良好的媒体形象

广播电视是党、政府、人民的喉舌，是重要的思想文化阵地。广播电视播音员主持人的工作，不仅直接关系到广播电视宣传舆论导向，也关系到广播电视媒体的形象，甚至影响到党和政府在人民群众中的形象。播音员主持人是有一定影响的社会公众人物，应有其特殊的职业道德和职业意识要求，同时也必须有明确的岗位规范。根据岗位规范认真履行岗位职责，才能够保证播音主持工作的高质量和高效率，才能在受众中塑造良好的媒体形象。

4. 以高水平、高质量的播出，树立自己的职业形象

播出的水平与质量直接影响着内容的效果与群众对播出的反馈。播音主持岗位的规范有助于提升播出的水平、质量，从而让受众产生良好的反馈与积极的互动。在达到播出内容目的的同时又帮助播音主持人树立了自己良好的职业形象。

5. 以谦虚的态度和精湛的艺术，尊重和保护自己的职业尊严

播音主持既是一项工作又是一门学问更是一门艺术。在播音主持岗位上的每个时刻，从业者都要牢记在这门学问面前自己永远是不可能无所不知的，因此要保持谦虚的态度使自己不断进步。同时更要在播音主持艺术面前以一种专业的姿态努力展示其独特的艺术美，让人赏心悦目。这对于尊重和保护自己的职业尊严是重要要求。

播音主持工作优良传统和作风

1. 坚定正确的政治方向

习近平同志在全国宣传思想工作会议上强调，做好宣传思想工作，必须讲党性，坚持党性原则。坚持党性的核心就是坚持正确的政治方向，站稳政治立场，坚定宣传党的理论和路线方针政策，坚定宣传中央重大工作部署，坚定宣传中央关于形势的重大分析判断，坚决同党中央保持高度一致，坚决维护中央权威。

2. 尽职尽责地承担职业责任

播音主持工作的地位决定了其工作者必须要承担多方面的职业责任。有些责任来自工作本身，如播出的内容、质量；有些则来自受众，如对播出的反馈与互动；还有些来自作为党、国家、政府和人民群众之间的"桥梁与纽带"的作用。这就要求播音主持工作者要明确责任、承担责任，用职业责任进行自我监督，尽职尽责地完成好工作任务。

3. 全方位主动积极学习积累广博的文化知识

播音主持工作的内容不仅是通过专业学习熟练地播送稿件或完成话题主持。播音主持工作的完成需要广博的文化知识作为支撑。只有拥有了丰富的文化知识，播音主持人才能在各种稿件或各种话题中熟练调动、运用这些知识，或是加深对稿件内容的理解，或是在各类节目中发挥得游刃有余。这就要求从业者在工作生活中主动积累、谦虚学习，把自己的头脑用广博的文化知识丰富起来。

4. 一丝不苟地勤学苦练专业基本功

播音主持作为一个专业，其基本理论在工作中必然起到重要作用。播音主持人在进行专业学习时要认真、专注、踏实地掌握专业基本功的每项内容。在工作中同样要做到常温习、常回顾、常反思、常总结。只有以深厚而扎实的专业基本功作为基础，才谈得上成为一名合格的播音主持人。

5. 严谨细致的工作作风

播音主持工作内容复杂，形式多变，突发情况多。这些特点都要求从业者在工作中要严谨细致地进行准备，要熟悉内容，了解形式，为各种突发情况的出现做好预案。要让这样的工作作风形成习惯，让严谨细致落实在每天的工作中。

6. 表里如一的慎独品格

对于播音主持人来说，表里如一更多是指在工作与生活中个人形象的统一。播音主持人不应该在生活中展现出与工作中完全不同的个人形象。如果无法做到这一点就意味着工作中的形象只是一种表演，是作为公众人物的一种表现，不是一个真切的、真诚的发自内心的真实的个人，而这是对人民群众的一种欺骗。对公众人物而言，个人生活中充满了危险与诱惑，这就要求播音主持人要有慎独的品格，能够洞察危险，拒绝诱惑，保持工作与生活中形象的表里如一。

7. 精益求精的敬业精神

没有最好，只有更好。只要在岗位上，就要时刻用积极饱满的精神状态完成每次播音主持工作。同时在工作与生活中要保持谦虚、积极的态度，不断充实自己的文化知识，提升自己的专业水平，追求对播音主持工作更加卓越的理解，以精益求精的敬业精神体现播音主持工作的优良传统与作风。

第二部分
播音主持职业首要的必备基础知识

一、新闻素质

> 复习要点提示

- 熟练掌握新闻的基本概念和现场报道的基本能力要求。

新闻的基本概念

1. 新闻六要素

新闻报道完备地表述事实通常应具备六个基本要素，即何时（When）、何地（Where）、何人（Who）、何事（What）、何故（Why）和如何（How）。一篇新闻报道在表述中应尽可能地交代清楚这六项内容，但不能强求任何一篇新闻报道都要六要素俱全。

2. 新闻真实性

新闻真实的基本含义就是：客观事实是新闻的本源，新闻是对客观事实的真实反映。

新闻真实的具体要求是：对事实的报道必须准确无误。主要包括四个方面的内容：

第一，构成新闻的要素"五个W"要准确无误。也就是说，新闻中的事实无论是时间、地点、人物还是事件发生、变化的原因，都应当是实实在在、确凿有据的，不能有半点误差。这些都是新闻报道的事实的元件，必须准确。

第二，事实的细节描述要有根有据，符合实际。比如事实表现出来的特征、状态及数量，人物的语言、外貌、动作等，都必须完全真实，不能想当然地"笔下生花"、"合理想象"。

第三，新闻中使用的背景材料要真实可靠。背景材料应与事实直接相关，而不是牵强附会随意选取的。背景材料所涉及的时间、地点、人物、数字、语言、引文，都应当可查可考，不能任意编造。

第四，新闻中所概括的事实要符合客观实际。概括的事实常常具有归纳、综合的特点，是为了更好地描述事实的总体特征和整体面貌。但它必须真实、准确，符合实际，决不能以点代面，以偏概全。

新闻真实的本质要求是：本质真实。

所谓本质真实，是指新闻报道要反映出事物的内在品质和规律。社会主义的新闻报道确实有一个反映生活本质、时代本质和历史本质的问题。对本质真实的要求是有条件的，并非所有的新闻报道都要做到反映事物的本质。其实，大量的深度报道，包括一些解释性报道、评述性报道、调查性报道以及工作通讯、事件通讯、新闻评述，等等，都属于将现象真实与本质真实相结合的报道。本质真实是指新闻报道要反映出事物的内在品质和规律。新闻报道不能仅仅要求报道事物的表面的、现象的真实，而应当尽可能做到全面、深刻地反映事物的内在品质和规律，即应力求做到对所报道事物的整体上、宏观上和本质上的把握。这既是整体真实、宏观真实的含义，也是本质真实的含义。

3. 新闻准确性

准确是相对错误而言的。报道新闻时事实必须准确无误。这里包括构成新闻的要素要准确无误；事实的细节描述要有根有据，符合实际；新闻中使用的背景材料要真实可靠；新闻中所概括的事实要符合客观实际。

4. 新闻价值

新闻价值是选择和衡量新闻事实的客观标准，即事实本身所具有的足以构成新闻的特殊素质的总和。新闻价值要素主要包括以下几个方面：

（1）新鲜性。这是新闻价值的首要因素，因为只有新鲜的事实，才有可能具有新闻价值。新鲜性包括两层意思，即时间新、内容新。一条新闻，时间上离开事实发生（变动）的时间越近、内容上包含的未知因素越多，就越有新闻价值。

（2）重要性。是指某个事实既为广大受众所关注，又能对社会产生较大的影响。比起其他的新闻价值要素来，对重要性的判断能体现记者的政治观点和思想倾向。

（3）显著性。是指新闻事实具有不同一般、超出一般的性质。显著性通常是指人物、地点、事件的著名，再就是指事物程度、数量的显赫。

（4）接近性。是指某个事实和受众有某种关联而产生"亲近"感。首先体现在地址上的接近。受众一般最关心的总是自己周围发生的事情，因为本地发生的事情对其影响更加直接。其次体现在心理上的接近。心理上的接近，往往能让新闻产生一种特有的魅力和吸引力，以至突破某些客观条件的限制。

（5）趣味性。是指事实所特有的情趣和意味，是事实本身所具有的能够引起受众注意或足以动人情感的素质。新闻事实中的趣味性主要表现在两个方面，即奇异现象和人情味。

5. 新闻特点

公开性、真实性、针对性、时效性、准确性、显著性、接近性、开放性、广泛性、变动性。

现场报道的基本能力要求

细致的现场观察能力；敏锐的新闻洞察能力；综合分析、理清思路的逻辑能力；准确的语言表达能力。

二、语言文字素养

复习要点提示

- 掌握语言文字的基本概念和运用语言文字的基本能力。

对语言文字基本概念、知识的掌握

掌握语言文字的基本概念、知识有利于播音主持人准确理解内容，把握情感基调，明确语言运用目的，使得与受众的交流更加积极、真切、得当。

按照职业要求运用语言文字的基本能力

基本的准确运用词语概念表述的能力；符合语法规范、用基本通顺的语句叙述内容的能力；思路清晰、条理层次分明的逻辑能力；语言生动形象的修辞能力。

三、形体语言、基本礼仪、交流沟通能力

复习要点提示

● 掌握形体语言的基本规律、职业行为中的必备礼仪、公众人物的必备礼仪，掌握和遵守交流沟通的基本规则。

形体语言的基本形态、基本功能　形体语言表达的基本规律

形体语言是通过肢体动作来表达思想情感的一种行动技巧。它集视觉、听觉、嗅觉、触觉为一体，能全方位地作用于人的多种感官。借助形体语言的叙述和构建，人能够使自己身体与精神、情感与智慧相联系，以感知的形式来体验人性本质。形体语言表达的基本规律在于在特定的语境下表达特定的思想内涵。

职业行为中的必备礼仪　作为公众人物的必备礼仪　日常生活中的必备礼仪

仪表：注意得体和谐，做到装扮适宜，精神振作，举止大方，态度亲切，遵循国际通行的"TPO"三原则。

行为：站姿要稳定，坐姿要稳重，走姿要精神奋发，蹲姿不能不顾优雅，递物讲究安全便利，注意问候礼仪，保持微笑，相互尊重，在公共场合要更加注重文明守礼的形象。

掌握和遵守交流沟通的基本规则　职业行为中的交流和沟通

交流沟通是播音主持人工作的重要内容，掌握和遵守交流沟通的基本规则对更好地完成工作有重要帮助。交流沟通过程中要注意的基本规则有言语理解，在把握沟通环境与沟通对象的状态的情况下注意言语的内容与时机；情感，在一定的场合要能体现合适的情感，同时一直做到情感真挚、真切、真诚；技巧，要通过沟通技巧的运用让交流保持流畅、顺利、富有意义；称呼，在沟通交流中，称呼反映着自身的教养，体现着双方关系的程度，要让恰当的称呼贯穿交流。

第三部分
播音主持理论基础知识

一、播音发声知识

复习要点提示

- 掌握播音发声的呼吸器官和呼吸原理，口腔控制原理和要领，吐字归音的方法等。

播音发声的基本要求及方法

播音主持是新闻工作的一个组成部分，新闻的真实性、准确性要求播音员主持人用声一般应该在自然音域内中声区偏低的部分运用较多；音色要大方、明朗、干净，艺术夸张、装饰较少，很少使用假声。而在文娱、游戏等节目中则要求声音能适应不同的语言环境，能烘托、表现现场气氛，声音变化的对比度较大，夸张、装饰成分较多使用。播音主持是通过电声设备进行信息传递的，要求发声相对集中，对比适度，声音变化不宜太大，但要求有层次，有穿透力。播音语言所负载的信息密度大，所以要求吐字清晰、流畅。同时，由于播音员主持人的特殊身份，受众与社会对他们的发声还有较高的要求：亲切、自如、优美、感染力强并具有较鲜明的特色。播音发声基于生活中口语发声，最接近生活中口语发声，但绝不等同于生活中口语发声，而是生活中口语发声的规范、提炼和升华。对播音发声的要求可以归纳为：准确规范，清晰流畅，变化自如。

呼吸原理及方法

1. 呼吸器官和呼吸原理

（1）呼吸器官：我们可以把呼吸通道和控制呼吸通道的各生理器官如口腔、鼻腔、咽腔、喉腔、气管、肺、胸腔、膈肌、腹腔等看做呼吸器官。

（2）呼吸原理：播音发声采用胸腹联合式呼吸法。呼出的气流是发声的动力。肺虽然是重要的呼吸器官，但它不会主动进行呼吸，是被动器官。肺吸入或呼出空气要靠胸腔的扩大或缩小使肺产生负压或压力而实现。在呼吸运动中膈肌起着重要的作用。膈肌的运动决定大约75%的吸入或呼出气流量。但膈肌是不随意肌，我们对膈肌的控制只能间接地通过对腹肌的控制改变腹腔压力来实现。而两肋的打开不但扩大了胸腔的容积而且使膈肌加强了张力，对膈肌的控制能力更敏锐、更鲜明，使控制更容易实现。这就是播音发声中呼吸控制的原理。

2. 播音发声呼吸控制的要领

（1）吸气的要领：吸气要深，两肋打开，腹壁"站定"。

（2）呼气发声的要领：稳劲，持久，变化。

（3）换气的要领：两句话之间，可以从容换气。句首换气，吸气无声，换了就用，留有余地，句尾余气托送。而在句子中间可以进行少量补充（偷气）。

3. 气息运用的方法

在播音发声中，气息的运用要注意以下几个方面：

（1）把握气息的激发因素——思想感情的运动。气生于情而融于声，气随情动，声随情走。

（2）注意开源节流——吸和呼是一对矛盾，但呼气是矛盾的主要方面。因为有声语言的表达过程是在呼气过程中完成的，所以加强呼气发声时的控制能力更重要。

（3）要注意播音发声中呼吸控制只是综合状态的一个方面，还需要加强和其他方面（如：口腔控制、喉部控制、共鸣控制等）的配合。

（4）注意练习的科学性和实用性。

呼吸在有声语言表达中的作用

呼出的气息是人体发声的动力，声音的强弱、高低、长短以及共鸣的运用和呼出气息的速度、流量和密度都有直接的关系。气流的变化关系到声音的响亮度、清晰度以及音色的优美圆润、嗓音的持久性及情趣的饱满充沛，也就是说只有在呼吸得到控制的基础上才能谈到声音的控制。呼吸的作用还不仅仅限于作为发声的动力，它还是一种极重要的表达手段，是情和声之间必经的桥梁，要使声音能够自如地表情达意，那么我们必须学会呼吸的控制和运用。播音发声的特点决定了对呼吸控制的要求，就是能够运用胸腹联合式呼吸法调节气息，气息顺畅均匀、深浅适中、运用自如。

口腔控制原理和要领

1. 咬字器官和构字原理

（1）咬字器官：喉部发出的喉原音和呼出气流在口腔受到各

种节制而形成字音。参与节制的各器官就是咬字器官，包括：双唇、上下齿、齿龈、舌、硬腭和软腭等。

（2）构字原理：语音形成的过程是口腔诸咬字器官的动作对喉部发出的声束和肺呼出的气流节制加工的过程。不同的节制加工方式形成不同的元音、辅音组合成音节。

2. 口腔控制的要领

口腔控制的要领主要表现在以下几个方面：

（1）唇舌灵活、力量集中。

唇舌灵活是语音流畅的前提。在这方面达不到一定标准，就会出现吃字、滚字、走音现象和语音的僵滞。声音要集中，咬字器官的力量就要集中，它主要应表现在唇和舌上。

（2）打开口腔。

打开口腔就是讲求口腔开度，主要是打开后声腔。是通过提颧肌、打牙关、挺软腭、松下巴的配合来实现的。

（3）明确声音发出的路线和字音着力位置。

把声音沿软腭、硬腭的中纵线推到硬腭前部，可以明显改善音色，提高声音效果。

口腔控制的目的和意义

在有声语言表达中，为了使字音听起来清晰、准确并且富于美感，播音员主持人使用了一些行之有效的技巧，这些技巧就包括口腔状态的调整，即口腔控制，也叫做吐字的静态控制。口腔控制贯穿在整个发音过程中，构成发音动作的基础。口腔控制对吐字的准确、清晰有着重要的影响。常见的口腔控制方法有以下几种：挺软腭、打开牙关、适当收唇和吐字力度集中在口腔中线。

吐字归音的方法

吐字归音是我国传统声乐艺术提及咬字方法时所用的一个术语，它的具体内容既包括发音的基本要领，也包括发音的审美要求。吐字归音从汉语语音的特点出发，把一个音节的发音过程分为出字、立字、归音三个阶段，通过对每个发音阶段不同的控制，使吐字达到清晰、饱满、弹发有力。吐字归音对出字、立字、归音的具体要求是：

字头出字——叼住弹出；

字腹立字——拉开立起；

字尾归音——弱收到位，趋势鲜明。

吐字归音在语言表达中的作用和意义

在语言表达中，吐字归音有着重要的作用和意义。吐字归音作为一种吐字方法，它所强调的是吐字的动态控制，是对发音动作过程的控制，实际上是一种经过加工的艺术化的发音方法。吐字归音是我国传统戏曲声乐艺术的发音方法，它根据汉语语音特点，把一个音节的发音过程分为几部分，一般将其分为出字、立字和归音三个阶段。通过对吐字各阶段的精心控制，使其达到清晰有力、圆润自如的境界。

二、普通话语音知识

复习要点提示

- 掌握普通话的语音特点。
- 掌握普通话异读词读音，人名地名的读音。
- 熟悉播音员主持人必备语音工具书。

普通话的概念

普通话是以北京语音为标准音，以北方话为基础方言，以典范的现代白话文著作为语法规范的现代汉民族共同语。普通话是中国国家通用语言。

普通话语音特点

普通话以北京语音为标准音。它具有以下特点：

（1）音系比较简单，音节结构形式较少。

（2）音节中元音占优势。

（3）四个声调抑扬分明且高音成分较多。

（4）音节间间隔清晰。

（5）词的双音节化和轻重格式的区分，以及轻声、儿化的使用，使得有声语言表达更加准确、丰富。

普通话的声母

声母是指汉语音节开头的辅音。有些音节没有辅音声母称为零声母。普通话中有21个辅音声母。它们是：b、p、m、f、d、t、n、l、g、k、h、j、q、x、zh、ch、sh、r、z、c、s。

普通话声母按发音部位可以分为7类：

（1）双唇音：b、p、m

（2）唇齿音：f

（3）舌尖中音：d、t、n、l

（4）舌根音：g、k、h

（5）舌面音：j、q、x

（6）舌尖后音：zh、ch、sh、r

（7）舌尖前音：z、c、s

普通话声母按发音方法可以分为5种：

（1）塞音：b、p、d、t、g、k

（2）擦音：j、q、zh、ch、z、c

（3）塞擦音：f、h、x、sh、s、r

（4）鼻音：m、n

（5）边音：l

普通话声母还有送气和不送气的区分。这种区分只在塞音和塞擦音中进行。

不送气音：b、d、g、j、zh、z

送气音：p、t、k、q、ch、c

清音和浊音的区分是指发音时声带颤动与否。普通话声母中只有4个浊音声母：m、n、l、r，其余的都是清音声母。浊辅音ng只做韵尾，不做声母。

普通话的韵母

韵母是指汉语音节中声母后边的部分。普通话中有 39 个韵母。

普通话的韵母由单元音或复合音充当，共有 39 个。韵母可以分为韵头、韵腹、韵尾三个部分。在复合音韵母中口腔开度最大的元音是韵腹，韵腹前面的元音是韵头，韵腹后面的元音或鼻辅音是韵尾。有些韵母没有韵头，有些韵母没有韵尾，但不可以没有韵腹。单元音韵母就只有韵腹。

韵母按语音结构可以分为单韵母、复韵母和鼻韵母三类。

单韵母：普通话单韵母有 10 个。其中有 7 个是舌面元音：a、o、e、ê、i、u、ü。3 个是特殊元音：-(i)前、-(i)后和 er。

舌面元音的发音条件主要是舌位的高低（口腔的开合）、舌位的前后和唇形的圆展。舌位是指舌面元音发音时舌面隆起的最高点即最接近上腭的点。

复韵母：即复合元音韵母是由 2 个或 3 个元音音素复合而成的韵母。在复合音的发音过程当中，舌位的前后、高低和唇形的圆展要发生连续的移动变化。舌位的移动过程叫舌位的动程。复韵母又可以分为二合复韵母和三合复韵母。根据韵腹在韵母中的位置又可以分为前响、后响和中响复韵母。

二合复韵母共 9 个，其中：

前响：ai、ei、ao、ou 4 个

后响：ia、ie、ua、uo、üe 5 个

三合复韵母共 4 个，都是中响：iao、iou、uai、uei

鼻韵母：在普通话中以 n 为韵尾的韵母叫前鼻音韵母，以 ng 为韵尾的韵母叫后鼻音韵母，统称鼻韵母，共 16 个。

前鼻音韵母：an、ian、uan、üan、en、in、uen、ün 8个

后鼻音韵母：ang、iang、uang、eng、ing、ong、ueng、iong 8个

四呼：按汉语语音学的传统分析方法，又可以依照韵母起头元音的发音特点，主要是唇形特点把韵母分为开口呼、齐齿呼、合口呼、撮口呼四类，叫四呼。

开口呼：没有韵头，韵腹又不是 i、u、ü 的韵母共 16 个。

齐齿呼：韵头或韵腹是 i 的韵母，共 10 个。

合口呼：韵头或韵腹是 u 的韵母，共 9 个。

撮口呼：韵头或韵腹是 ü 的韵母，共 4 个。

普通话的声调

声调：汉语音节所固有的，可以区别意义的声音的高低、升降、曲直、长短的变化。普通话中有 4 个声调。声调的变化有区别意义的作用。

调类：是声调的种类。普通话有 4 个调类：阴平、阳平、上声、去声。

调值：是声调的高低升降曲直长短的形式，即声调的具体读法。普通话 4 个调类相对应的调值分别是：高平调、中升调、降升调、全降调。按五度标记法应读为 55、35、214、51。

阴平调：高平调 55

阳平调：中升调 35

上声调：降升调 214

去声调：全降调 51

普通话的语流音变

语流音变：在语流中，由于受到相邻音节音素的影响，一些音节中的声母、韵母或声调会发生语音的变化，称之为语流音变。普通话中的语流音变主要表现在轻声、儿化、变调、语气词"啊"的变读等几方面。

1. 轻声

普通话每个音节都有自己的声调，可是在词或句子里有些音节常常失去原有的声调而念成一种较轻较短的调子叫轻声。

轻声的作用：普通话中的轻声有区别词性和词义，以及使语流顺畅的作用。

轻声出现的规律：除区别词性词义作用的轻声外，语气词、助词、名词的后缀"子、儿、头"等、重叠名词、动词的后一个音节、表示趋向的动词、方位词或词素一般读作轻声。

2. 儿化

儿化又称儿化韵，是普通话和某些汉语方言中的一种语音现象，即后缀"儿"不自成音节而同前面的音节合在一起，使前一音节的韵母成为卷舌韵母。

儿化的作用：儿化在普通话中起着修辞和语法功能的作用，区分词性、词义，表示少、小的意思，表示喜爱、亲切或蔑视、憎恶等感情色彩。

3. 变调

音节在连读时在词或词组中相邻音节声调发生变化的现象叫

变调。普通话中的变调主要包括上声变调、去声变调、"一"和"不"的变调，以及重叠形容词的变调。

上声变调规律：上声音节在非上声音节前，即在阴平、阳平、去声和轻声音节前时调值由214变为21，即所谓半上。上声音节在上声音节前时前面一个音节的调值由214变为35，即所谓阳上。

去声变调规律：去声音节和去声音节相连时前面一个音节的调值由51变为53。

"一"和"不"的变调规律：

"一"的变调规律：非去声音节前变去声；去声音节前面变阳平；夹在重叠词中间读轻声；单念或在序数词中仍读本调阴平。

"不"的变调规律：去声音节前面变阳平；夹在词语中间念轻声；在非去声音节前面或单念时、在词句末尾时仍读原调去声。

4. 语气词"啊"的变读

语气词"啊"用在句子前面时仍发 a，但用在词尾、句尾时则要受到前面音节收尾音素的影响而发生不同的变读。总的说来是保持语流顺畅，顺势而发。具体有以下几种情况：

（1）前一音节收尾音素是 a、o（ao、iao 除外）、e、ê、i、ü 时，"啊"读作 ya。

（2）前一音节收尾音素是 u 时（包括 ao、iao），"啊"读作 wa。

（3）前一音节首尾音素是 n 时，"啊"读作 na。

（4）前一音节收尾音素是 ng 时，"啊"读作 nga。

（5）前一音节收尾音素是 -i（后）时，"啊"读作 ra。

（6）前一音节收尾音素是 –i（前）时，"啊"读作 za。

词的轻重格式

在普通话和汉语各方言中，由于词义或情感表达的需要，一个词中的各个音节有着约定俗成、轻重强弱的差别，称为词的轻重格式。我们将短而弱的音节称为轻，长而强的音节称为重，介于二者之间的称为中。词的轻重格式只是一种约定俗成，它不是绝对的、不变的。在语流中，词的轻重格式会受到语句目的的制约而发生改变。

双音节词的轻重格式：普通话中，双音节词轻重格式常见的有中重、重中两种，其中以中重格式最多。

三音节词的轻重格式：普通话三音节词的轻重格式常见的有中中重、中重轻、中轻重三种，其中以中中重格式最多。

四音节词的轻重格式：四音节词的轻重格式比较复杂，一般认为与其结构关系有关。普通话中常见的有中轻中重、中重中重两种，其中以中轻中重为多。

普通话异读词读音

所谓异读词，是指读音有差异但词义完全一样的词。例如"教室"有 jiào shì 和 jiào shǐ 两种读法，"波浪"有 bō làng 和 pō làng 两种读法，但意义都一样。这种词语就叫做异读词。异读词的存在给人们学习普通话带来不便，也给播音员播音和字典注音带来困难。因此对异读词的读音要加以规范。国家语委于 1985 年公布了《普通话异读词审音表》，就是异读词读音规范的标准。

人名地名的读音

参见《现代汉语词典》中人名地名的读音。

播音员主持人必备语音工具书

《新华字典》《现代汉语词典》《成语大词典》《古汉语常用字字典》。

三、播音主持语言表达知识

复习要点提示

- 掌握备稿六步的要领。
- 掌握情景再现和内在语的技巧和方法。
- 掌握停连、重音、语气、节奏是表达思想感情的四大外部技巧。
- 掌握即兴口语表达和运用的原则。
- 掌握串联词的特点及功能。
- 掌握临场应变的要求及应变策略。

创作准备与思想感情的运动状态

1. 备稿的定义、内容、方法以及应注意的问题

备稿，即创作依据的准备，是每一次具体的播音创作过程中的第一个环节，是播音创作活动的开始。经过备稿，播音员主持人最终的目标是要做到：有稿播音，锦上添花；无稿播音，出口成章。

备稿的含义

（1）播音主持不是个人的随意活动。

播音是播音员主持人在话筒前的有声语言的创作活动，但绝不是个人的随意的言语活动。播音员主持人必须忠实、准确地反

映稿件的精神实质，鲜明、生动地传达稿件的思想感情，才能圆满完成播音任务，才能实现稿件的播出目的。

稿件是作者对于生活的认识和提炼，是作者的"一度创作"。播音作品，是播音员主持人基于对生活的理解，把稿件的文字符号转化为直接可感的声音符号的"二度创作"。试想，如果对创作客体——稿件，没有深刻的了解和把握，这播音创作又从何谈起呢？倘若播音员主持人与稿件之间处于一种生疏或隔膜状态，是很难产生好的播音作品的。

（2）从文字到有声语言的转换不是简单的对应过程。

文稿播音的创造性集中地体现在将文字稿件转化为有声语言的符号转换过程中。稿件的文字语言和由此转化而来的播音有声语言，是稿件内容的两种不同存在形式，各有不同的物质形态，前者诉诸播音员主持人的视觉，后者诉诸受众的听觉。但是，这二者之间并不仅仅是文字和语音的简单对应。我们知道，稿件是作者对客观世界的认识的反映，是作者思维活动的成果。播音员主持人要将这一思维成果转化为清晰、准确、生动感人的有声语言，必须深入到稿件中去，并透过稿件认识其反映的现实生活，把握作者的思维过程，领悟、体味作者的认识成果。如果播音员主持人只做"字形——语音"这样一种语言表层结构的转换，是远远不够的，是不能使语音变成稿件作者和播音员主持人的双重"心理印迹"的，也就不能渗进播音员主持人的创造力，也就不会产生出好的播音作品。

（3）稿件内容纷繁、形式多样。

播音员主持人接触到的稿件内容纷繁、形式多样，所涉及内容的深浅、雅俗幅度很大，风格各异。这众多而丰富的内容，不可能都为播音员主持人所熟知，只有在备稿上狠下工夫才能应付自如，保证准确无误，才能清晰从容地传达稿件，为受众服务。

备稿的内容与方法

备稿可以分为广义备稿和狭义备稿。

（1）广义备稿。

它是播音创作的基础，播音员主持人掌握稿件、表达稿件的思想文化基础及语言基本功的锤炼，实质上反映播音员主持人的修养。广播电视节目内容丰富，形式多样，风格各异，其中新闻性节目时效性极强，具体准备稿件的时间往往十分紧迫，这就要求播音员主持人平时要注意各方面的学习和积累，培养较高的思想政治觉悟和理论水平；积累广博的文化知识和生活体验；具备较丰富的艺术修养和熟练的语言表达技巧。这些为播音再创作提供了坚实的基础。

（2）狭义备稿。

它是播音员、主持人播出稿件的具体准备方法、要求和步骤。我们把狭义备稿概括为六个步骤，简称"备稿六步"：

第一步：划分层次。所谓层次，是指稿件的布局、结构。拿到一篇稿件后，首先要对稿件的句、段进行整理，即从播音的角度对稿件中的自然段进行归并和划分。

第二步：概括主题。主题是指主要事实中包含的思想意义，也称"稿件的中心思想"。概括主题既要揭示出深刻的思想含义，又要有利于调动播讲者的思想感情。

第三步：联系背景。背景主要是指稿件的播出背景。播出背景包括上情和下情两方面内容。上情是指和稿件有关的党和政府的路线、方针、政策等。下情是指国际、国内各方面的现实情况及其变化。下情里还有"主流"和"支流"。分析背景是为了更好地把握稿件中的政策精神和播音的针对性。

第四步：明确目的。知道了稿件是针对什么而发的之后，还要进一步明确通过播出达到什么样的宣传目的。播讲目的和稿件主题不同，稿件的主题具有稳定性和不变性，但播讲目的在不同时期有不同的侧重和表现，所以，必须结合现实情况去分析目的。

第五步：分清主次。首先要找出重点。找出重点是为了在播讲中有主有次。重点一般是指直接表现主题、体现目的、抒发感情、感染受众的地方。稿件内容的次要部分是指那些起说明、铺垫作用的词语和句段。次要部分为重点部分的表达服务。

第六步：确定基调。基调，是指稿件总的思想感情色彩和分量、播音时总的态度倾向。它体现的是播讲者对稿件认识、感受的整体结果。可以说，一篇稿件播得是否成功，基调提供着最直观、最易感觉到的判断依据。实质上，基调要求播音的表达与理解感受统一，要求声音形式与稿件的体裁风格统一。

备稿应注意的问题

（1）高度重视，认真备稿。

要克服对备稿不重视，凭老经验播音主持的不良倾向，积极认真地进行创作依据的准备。

（2）备稿应准确迅速。

播音员主持人必须具有高质量和高效率的意识。具体到备稿这个环节，从语言表达上，要求准确无误；从效率上，要求备稿迅速熟练。

（3）备稿不能机械死板。

那种拿到稿件，不假思索张口就念，或者不深入思考，只是简单机械地一遍遍反复读的备稿方法，往往是事倍功半的。因为只有消化稿件，把握稿件的精神实质，在稿件的播出目的、针对性和思想感情上下工夫，才有可能播好这篇稿件。

（4）处理好备稿"质"与"量"的关系。

一般来说，在普遍准备的基础上要抓住重点，坚持养成分析稿件的习惯，久而久之，快速驾驭稿件的能力就会不断地提高。

2. 思想感情的运动状态

感受、态度、感情

感受：对于播音员主持人来说，播音创作中的感受，就是"感之于外，受之于心"的意思。感之于外，就是通过视觉、听觉感受器官不只是感到文字、声音的存在，而是透过文字、声音的符号，感觉到这符号所代表的具体的客观事物的存在。受之于心，是指客观事物对播音员主持人的直接或间接刺激而引起的内心反应和体会。感受，是播音员或主持人因语言符号（文字的、声音的）达于客观事物，从而接受其刺激并主动体验产生内心反应的过程。播音感受，既从稿件、话题、节目和与受众的直接交流中来，又要融化到播音的有声语言中去。感受本身也是随着理解的深化和感情的积聚而由浅到深，反复推进的。

态度：所谓态度，就是创作者对外界刺激的估量、判断、评价。它是具体的，随语言内容变化的，无论肯定或否定、赞扬或批评都应该是鲜明的、分寸适当的，这些体验和评价还要贴切地体现在播音的有声语言中。播音主持艺术创作的性质和特点决定我们的态度应该是正确的、明朗的，肯定所是，否定所非。

感情：不同的感受，不同的态度，就形成了不同的感情。它比感受更积极、更深刻。它反映创作者的道德、理智、经验，表现出情操、性格、毅力等个性。

具体感受与整体感受

（1）具体感受。

感受的基本要素：形象感受。播音创作主体的感受首先是从稿件、话题、节目内容的"表层感触"开始的。而语言、词语、形象的感知是播音感受的起点。客观事物、稿件文字作用于播音员主持人的感官，首先引起视觉、听觉、嗅觉、触觉、时间、空间知觉、运动知觉的运动，形成一系列相应的形象感知。正是诸种感知的初步内心体验，我们把它称之为形象感受。形象感受是播音感受中最基本的感受。

感受的结构要素：逻辑感受。在播音感受的初级阶段，播音员主持人不仅感触到词语所代表的客观世界的形象，同时，也感触到语言序列的内在逻辑。我们把它称之为逻辑感受，即播音员主持人在播音创作过程中对文字、声音符号所反映的客观事物间的关系的主观体验。

（2）整体感受。

形象感受和逻辑感受都是在客观事物的具体发展阶段和具体稿件、具体话题的具体环节上产生的，因此，都是具体感受。随着语言序列的展开和对稿件、话题和节目内容的理解的深入，随着对语词文字符号形象感受、逻辑感受的积累，播音员主持人的感受逐渐地脱离相对孤立的词语感受的材料，而逐渐进入抽象、本质、概括、整体的认识表象的阶段——整体感受。整体感受，就是感受由分散的具体导向综合的整体的过程，就是播音感受由量的积累导向质的飞跃的过程。

调动思想感情的方法

1. 情景再现的定义、展开过程以及应注意的问题

情景再现的定义

情景再现就是播音员主持人以语言内容为依据展开再造想象，使其中的人物、事件、情节、场面、景物、情绪……在自己的脑海里不断浮现，形成连续的活动的画面，并不断引发相应的态度、感情的过程。

我们可以从以下几个方面来把握情景再现的内涵：

（1）情景再现属于一种联想、想象活动，是对播音员主持人再造想象特点的概括。

（2）播音员主持人的联想与想象必须以语言内容为依据，以符合稿件的需要为前提，必须遵循稿件规定的目的、性质、范围、任务，不能信马由缰，任意驰骋。

（3）依据语言内容想象出的画面应该是连续的、活动的、有内在联系的，而不是孤立的、静止的。

（4）播音员主持人进行联想、想象的目的应该是引发相应的态度、感情。这里需要强调的是，情景再现一定要产生于具体感受中，要以情为主。播音员主持人通过对语言内容的具体感受，要引发相应的态度、感情，进而激发强烈的播讲愿望，而不能只满足于"画面"清晰，只重视景而忽视情。

情景再现的展开过程

播音员主持人在具体的语言创作过程中，运用情景再现可以按以下四步来调动自己的思想感情：

第一步：理清头绪。这一步主要是从情景再现的角度对语言

内容进行梳理，它与备稿当中的划分层次有一致的地方，也有不同之处，这里更注重从画面的角度来理清内容的头绪。包括：把握结构，明确先后顺序；把握画面的主次详略及特点。

第二步：设身处地。设身处地就是通过想象，将自己置身于稿件所描述的情景中，缩短我们与稿件所述情景的时空距离和人物的心理距离等，使我们迅速地投入到稿件所规定的情景中，获得现场感，感到"我就在"。

第三步：触景生情。触景生情是情景再现的核心问题。这里强调的是内心积极的反应，摒弃的是"视而不见"、"充耳不闻"式的无动于衷。在触景生情这一步我们还要掌握两点要求：一是反应积极、一触即发；二是以情为主、情景交融。

第四步：现身说法。当内心情感积累到一定程度时，就想把我"亲眼所见，亲耳所闻，亲身所历，亲身所感"的情景再现给受众，并使受众产生某种情景的再现，从中受到感染。这也正是创作主体始而有意、继而实现的责任。

以上四步并非界限分明，而是联系紧密，常常你中有我，我中有你。总之，是要让自己的思想感情运动起来。

情景再现过程中应注意的问题

（1）要以播讲目的为中心。

情景再现受播讲目的的引导和制约，不要为"情景再现"而"情景再现"。

（2）善于调动各方面的积累，对情景加以丰富和补充，加深创作主体的体验。

需要说明的是，不是每一个情景都必须详细补充，也不是同一情景中的每一个地方都要花同样的力气去想象，要抓重点、难点，关键要获得感情触发点。

（3）把握情景再现准备与播出时的区别。

情景再现在准备与播出的两个环节中，既有联系又有区别。准备是播出的基础，播出应该体现准备的成果。但两者之间也存在着区别，主要体现为：第一，准备时有较充足的时间去展开想象，再现情景；播出时语句要连续不断，一句紧接一句，没有时间去细致展开和浮想联翩，否则容易造成情景分离，说到下句时，内心还停留在上句。第二，准备时，创作主体脑海中的画面可以较清晰，形象较鲜明；而播出时，景已模糊，情愈加凸显。在这个阶段，我们不必再细致地展开想象，只需让情景稍加显露，重要的是快速唤起我们准备时的具体感受和触动心灵的那一点。

2. 内在语的定义、作用、分类以及把握

内在语的概念及其意义

播音的内在语是指那些在文字语言中所不便表露、不能表露，或没有完全显露出的语句关系和语句本质。

内在语是帮助播音员主持人把稿件变成自己想要说的话，使思想感情运动起来的内部技巧之一，对播音表达的直接引发和深化含义有着极为重要的意义。

内在语的作用

内在语是播音员主持人的心理活动，为播音语言表达提供充实的内心依据，其作用概括起来有两大方面：揭示语句本质和揭示语言链条。

（1）揭示语句本质。

语句本质是指句子在具体的语言环境中深层的内在含义和态度情感。我们要结合上下文的语境来分析，从语句较宽泛的表层意义来锁定语句本质。语句本质落实到表达上则可以引发出贴切的语气。

（2）揭示语言链条。

语言链条实际是指语句间的逻辑关系。揭示语言链条就是搞清句与句、段与段、层次与层次如何衔接成一个有机整体的问题。特别是在文稿中那些文气不太贯通的地方，在段落层次需要做明显转换而又不好衔接的地方，或需要赋予语言以动作感、形象感的地方，或在需要唤起受众注意，引发他们思考的地方。这些地方都可运用内在语来衔接、过渡、铺垫或转换，以帮助找到自然贴切的语气，造成一气呵成、浑然一体的效果。

内在语的分类

根据内在语的性质和作用的不同，我们把它分为六种基本类型：

（1）发语性内在语。

所谓发语性内在语，就是在呼台号之前，在节目、稿件、层次、段落、语句之间加上适当的词语。播音员主持人把这些词语作为开头在内心播出来，并与稿件原来开头的词语自然地衔接，将其"带发"出来。

（2）寓意性内在语。

寓意性内在语是稿件文字的"弦外之音"，是隐含在语句深层的内在含义，是结合上下文语言环境挖掘出来的语句本质和语句目的。

（3）关联性内在语。

关联性内在语是指那些没有用文字表示出来的语句关系，具体地说，就是那些体现语句逻辑关系和语法意义的隐含性关联词和短语。它的最大特点是，通过挖掘语句间隐含性的关联词或短语，使语句关系更加明晰。

（4）提示性内在语。

提示性内在语用于语句段落层次之间，也是为了解决上下语气衔接的问题，但与关联性内在语有所不同，它不是以关联词和短语的形式出现，而且内容上也更丰富多彩。如果说关联性内在语重在使语句逻辑关系更加严密，那么提示性内在语则更注重使表达语气富于灵动的活力。

（5）回味性内在语。

回味性内在语一般用于段落、层次，特别是全文的结尾处。大体上有四种形式：寓意式回味、反问式回味、意境式回味、线索式回味。

（6）反语性内在语。

反语性内在语直接体现了语句表层意义与深层内在含义，即语句本质的对立关系或对比关系。一般说，在上下文语境中比较容易把握。大体有：对立型反语内在语、反问型反语内在语、双关型反语内在语、非对立型反语内在语。

内在语的最优化

（1）内在语是对稿件理解和感受的集中概括。

语句内在语的最优化，是服从于稿件整体，即宣传目的、主题思想和整体基调，切忌就句论句地确定内在语。

（2）在稿件的重点和难点上把握内在语。

所谓重点，是宣传目的和主题思想的落脚点，是全篇的关键所在。所谓难点，是指语句本质不好把握，文气不十分贯通，播起来又不好衔接的地方。我们没有必要句句都找内在语，但对重点语句的本质含义应深入挖掘。

（3）要注意语句本质的差异。

有两种情况：一是要在搞清语句表层意义的基础上，根据语句目的和上下文语境挖掘语句的深层含义，并准确判断把握具体的态度分寸。二是有些句子表层意义与深层含义异向，这时的内在语应该和句子的深层含义的意向一致统一，而不被文字表面意义所迷惑。

（4）内在语要精确可感，鲜明简洁，有说服力。

表述内在语的目的，是为了训练把握内在语的能力，使自己思想感情运动起来，而不是为了表述而表述，内在语的把握应力求避免朦胧模糊，内在语的概括表述要精确可感，鲜明简洁，有说服力。

3. 对象感的定义、特征、把握以及应避免的几个误区

对象感的定义

所谓对象感，就是指播音员主持人必须设想和感觉到对象的存在和对象的反应，必须从感觉上意识到受众的心理、要求、愿望、情绪等，并由此而调动自己的思想感情，使之处于运动状态，从而更好地表情达意，传达稿件节目的精神实质。

对象感强的播音特征

大凡能调动听众、观众思维的积极性，引起共鸣，受欢迎的播音都有很强的对象感，换言之，对象感的作用使播音体现出以下特征：

（1）体现人文关怀。

播音员要在"目中无人"的环境中努力做到"心中有人"，心里时刻装着受众，感觉到受众的存在，想受众之所想、急受众之所急地把握对象的心理要求、愿望和兴趣点，它已经融入传者对受众的真诚、尊重与关爱，这本身就是一种人文关怀。

（2）表达丰富亲切。

富有对象感的播音音色富于变化，语气上亦丰富，避免了长时间同一频率所造成的单调，从而保持受众心理上的兴奋状态。表现在播音语言上，语气显得亲切、有变化。

如何把握对象感

要熟悉传播对象，要重视对受众的基本构成进行定性分析，

努力获得对象感。那么，怎样才能使对象感不失之笼统？如何获得并把握住对象感？

我们必须具体设想：这样的稿件，这样的内容，这样的形式，这样的宣传目的，在今天，应该播给什么样的人听？哪些人最需要听？听到不同的地方会有什么不同的反应？听完了又会有什么反应？给什么样的人听最能增强我们的播讲愿望，最有利于达到播讲目的？

（1）对象感的"质"与"量"。

为了获得对象感，我们可以从质和量的两方面去具体设想。所谓质的方面，是指环境、气氛、心理、素养等有关对象的个性要求。所谓量的方面，是指性别、年龄、职业、人数等有关对象的一般情况。而质的方面又是最根本的。从质和量两方面了解受众，设想并掌握受众特征，找准与受众利益最密切的相关点，由此获得对象感，我们就能播出新闻的新鲜感，吸引并满足受众的兴趣和要求。

（2）依据节目内容所反映的主题和目的设想对象，获得对象感。

一旦掌握了受众的心理需求，找准了与受众利益密切的相关点，有了充足的依据，对象感就会强烈起来，也就到了非说不可的地步。

（3）我们所设想的对象应该稳定统一。

就某篇稿件来说，我们设想的具体对象应该是稳定的、统一的，不应该这一段设想对这些人播，那一段设想又对另一些人播。一般而言，设想的对象稳定会使播讲更集中、更鲜明。

（4）播音员主持人与所设想的对象之间关系是平等的。

对象感不是单单设想对象，同时要解决好播音员主持人与对象的关系问题。为了达到传播的有效性，为了使受众对播音员主持人产生"认同"和"自己人"的亲近感，播音员主持人与所设想的对象的关系就应该是平等的关系。这种关系意味着平等、融洽、真诚和坦诚。

（5）为了获得对象感，为了使设想的对象具体有依据，要尽可能多地熟知各种对象的情况，丰富生活体验。

这就要求播音员主持人应深入生活，通过直接或间接的种种渠道关注现实，了解熟悉各种人，尽量和各个层次各种职业的人打交道，了解更多人的更具体的需要，只有这样在设想具体对象时才会更切合节目和稿件的内容和形式，更好地达到播讲目的。

注意几个误区

误区之一：播音员主持人执著地去追求设想对象的客观实体。

误区之二：无论什么稿件都设想一种具体对象。

误区之三：对象感时断时续，时有时无。

误区之四：认为稿子并无确定对象就不必多此一举，或认为稿子已有了限制就不必设想具体对象了。

误区之五：以为面前有对象就不需要对象感。不知道场外的受众才是我们传播的主体。

表达思想感情的方法

1. 停连的定义、作用、位置的确定以及表达

停连的定义

停连是指在有声语言的流动过程中，声音的中断和延续。我们给停连下的定义是：在有声语言的表达过程中，那些为表情达意的需要所做的声音中断、休止就是停顿。反之，那些不中断、不休止的地方（特别是有标点符号，而不中断、不休止的地方）就叫连接。停连，是在有声语言行进中的"标点符号"，停连要

按文意、合文气、顺文势，自如地服从思想感情运动的需要。

停连的作用

停连的作用可以表现在许多方面，有的组织区分，使语意明晰；有的造成转折呼应，使逻辑严密；有的可以强调重点，使目的鲜明；有的并列分合，使内容完整；有的体现思考判断，使传情更加生动；有的令人回味想象，创造意境。

当然，停连常常是和其他技巧一起共同服务于表达的。它与重音等技巧相比，最主要的作用是使语言意思更加清楚。也就是说，停连主要是解决播音时怎样断连词句、组织好语言意思的表达问题。因此，播音员主持人必须学会运用停连组织语句，区分意思。这是进行播音再创造活动的一项语言基本功，是播音员主持人借以表情达意的语言技巧之一。

停连位置的确定

（1）准确理解语句意思。

要想恰当地选定停连位置，准确达意，首先必须正确理解语句的意思，因为这是关系着达意正确与否的大问题。

（2）正确分析语句结构。

在理解了书面语言的意思之后，特别是对那些容易看懂而不易让人听明白的长句子，播音员主持人有必要再做一下播前的句子结构分析。

（3）恰当体会情景神态。

有些语句，我们理解意思没错，语句结构也清楚了，但是按一般的词语关系来确定停连位置却仅仅可以使语意清楚，不发生错误，而不能使语句中所蕴含着的生动、丰富的情景神态得以充分的表达。在为表达情景神态而设置停连时，要以不影响语意清楚为前提，然后再以传"神"恰当为标准。

（4）合理处置标点符号。

我们在播音中，要按照自己对稿件内容的理解，合理地处置标点符号。也就是说，在那些有标点符号的地方，我们根据需要也可能要连接；在那些没有标点符号的句子中间，我们根据需要也可能特意要停顿。

停连的表达方式

常见的停连方式有：

（1）落停。

这种方式一般用于一个完整的意思讲完之后。它的特点是：第一，停顿的时间较长；第二，停时声止气也尽（气正好用完）；第三，句尾声音顺势而落，停住。

（2）扬停。

这种方式一般用在句中无标点符号之处，或一个意思还没有说完而中间又需要停顿的地方。它的特点是：第一，停顿时间较短；第二，停时声停气未尽；第三，停之前的声音稍上扬或是平拉开。

（3）直连。

这种方式一般用于有标点符号而内容又联系紧密的地方。它的特点是：顺势连带，不露接点。

（4）曲连。

这种方式一般用于标点符号两边既需要连接又需要有所区分的地方，特别是一连串的顿号之间，或者是排比句式之类的连接点。它的特点是：连环相接，连而不断，悠荡向前。

2. 重音的定义、作用、位置的确定以及表达

重音的定义

在播音中，那些根据语句目的、思想感情需要而给予强调的词或短语就叫重音。重音的问题实际上是词或词组在句子里面的

主次关系问题，不同于词的轻重格式中的重读音节。确定重音的位置，选择重音的表达方法，都要从具体语句着手，从全篇稿件着眼。重音表达方法多种多样，并非只有重读，而应以内容、环境、情感而定。

重音的作用

每篇作品有主题，朗读作品有目的，落实到语句中，语句也有目的，重音就是体现语句目的的重要手段。一般来说，每一个语句至少有一个重音。重音愈精，语意愈清，目的愈明。语言的目的性要靠重音来体现，语句重音必须准确地为语言目的服务。

重音的确定

在正确理解语句意思的基础上，根据重音的主要作用，我们提出三条参考标准和相应的具体选择办法：

（1）重音应该是突出语句目的的中心词。

这类词是指那些在语句中占主导地位和最能揭示语句本质意义的词或词组。它们是准确、鲜明地传达语句目的的核心。

（2）重音应该是体现逻辑关系的对应词。

这类词是指那些具有转折、呼应、对比、并列、递进等作用的词语。它们是语句目的的实现过程中的重要逻辑线索。

（3）重音应该是点染感情色彩的关键词。

这类词是指那些对显露丰富的感情色彩、情景神态和烘托气氛等起重要作用的比喻、象声以及其他形容性的词或词语。它们可以使特定环境中的语句目的生动形象地突出出来。

选择确定重音的总的原则是：以能否突出语言目的为首要标准，综合考虑逻辑关系和感情表达的需要，有利则取，不利则舍。

重音的表达

选定了重音之后，并不一定就能恰当地表达出语句目的，还要注意准确地表达重音。运用重音的方法是多种多样的，下面就简单介绍几种常见的强调重音的方法：

（1）强弱法。

这是一种用声音的轻重、高低变化来强调重音的方法。需要注意的是，重音不光可以用强和高的声音来强调，强中见弱，高中显低也不失为有效的方法。

（2）快慢法。

这是一种用声音的急缓、长短、顿连等变化来强调重音的方法。

（3）虚实法。

这是一种通过声音的虚实变化来强调重音的方法。

总之，所谓强调重音、突出重音，都是在对比之中实现的。强调重音的方法尽管是多样的，但总的要求只有十六个字：加强对比，协调适当，讲究变化，切忌呆板。选用方法时，要从三个方面去考虑：一要能准确体现出语句目的；二要依据思想感情的运动；三要符合语流变化的需要。具体地讲也就是：要从全篇稿件的高度着眼，达到主次分明；又要从听和说的正常习惯考虑，不显生硬；再有就是重音的确定要少而精。这就是运用强调重音的各种方法时所应遵循的基本原则。

3.语气的定义、感情色彩和分量、声音形式

语气的定义

语气是具体思想感情运动状态支配下语句的声音形式。对语句的实质可以从以下三个方面进行把握：首先，具体的思想感情是语气的"神"、灵魂。其次，具体的声音形式是语气的"形"、躯体。最后，语气存在于句子之中，它在整个的语言流动中占据着核心的位置。

语气的感情色彩和分量

在有声语言的创作活动中，总的感情色彩体现在节目的基调

中，而具体的感情色彩体现在语气之中。语气的感情色彩，是指语句包含的是非和爱憎等。"是非"，是指正确、错误、反对、支持、赞扬、批判、严肃、亲切、郑重、活泼、坚定、犹豫等态度方面的具体性质。爱憎，是指挚爱、憎恨、悲痛、喜悦、热望、焦急、恐惧、疑虑、冷淡、愤怒等感情方面的具体性质。态度、感情交融为一体，可以展现各类语句的丰富多彩。

语气的色彩是语句的内在的思想感情的积极运动的显露，它体现为创作主体声音与气息的变化。

语气的分量指的是在把握语气感情色彩的基础上，创作主体还要区分是非、爱憎的"度"，能区分感情色彩不同的程度和不同的量级并能使之付诸有声语言的表达。

语气的声音形式

语气的感情色彩和分量是千变万化、丰富多彩的，所以声音形式也一定是曲折起伏、不断变化的。我们用"语势"来表示语气的声音形式。语势，指一个句子在思想感情的运动状态下声音的态势，或者说有声语言的发展趋向。

语势是由气息、声音、口腔状态这三方面因素多层次、立体化的多重组合而构成的。构成语势的这三方面因素是互相渗透、融合在一起的，也使语势呈现为立体的运动变化态势。

4. 节奏的定义、类型以及方法

节奏的定义

节奏是有声语言运动的一种形式。在播音中，节奏应该是由全篇稿件生发出来的、播音员思想感情的波澜起伏所造成的抑扬顿挫、轻重缓急的声音形式的回环往复。我们从四个方面做一下具体分析。首先，播音节奏是以思想感情运动为依据的声音运动形式。其次，播音节奏的外部形式表现为有声语言语流的抑扬顿挫、轻重缓急。再次，节奏的核心是具有一定特点的声音形式的回环往复。最后，播音节奏的基本要求要立足于全篇和整体。

节奏的类型

（1）轻快型。

多扬少抑，声轻不着力，语流中顿挫少，且顿挫时间短，语速较快，轻巧明丽，有一定的跳跃感。全篇重点处的基本语气、基本转换都比较轻快。

（2）凝重型。

多抑少扬，多重少轻，音强而着力，色彩多浓重，语势较平稳，顿挫较多，且时间长，语速偏慢。重点处的基本语气、基本转换都显得分量较重。

（3）低沉型。

声音偏暗偏沉，语势多为落潮类，句尾落点多显沉重，语速较缓。重点处的基本语气、基本转换多偏于沉缓。

（4）高亢型。

声多明亮高昂，语势多为起潮类，峰峰紧连，扬而更扬，势不可遏，语速偏快。重点处的基本语气、基本转换都带有昂扬积极的特点。

（5）舒缓型。

声多轻松明朗，略高但不着力，语势有跌宕但多轻柔舒展、语速徐缓。重点处的基本语气、基本转换都显得舒展、徐缓。

（6）紧张型。

声音多扬少抑，多重少轻，语速快，气较促，顿挫短暂，语言密度大。重点处的基本语气、基本转换都较急促、紧张。

运用节奏的方法

（1）欲扬先抑，欲抑先扬。

"扬"一般指声音的趋势向上发展；"抑"一般指声音的趋势向低发展。如果重点要"扬"，"扬"前要"抑"；如果重点要"抑"，"抑"前要"扬"。扬、抑二者本身是对比而言的，并没有什么绝对的标准。

（2）欲停先连，欲连先停。

在播音中，连要连得顺畅，停要停得恰当。在连接时，要同时考虑停顿，在停顿中，要注意连接。停连的运用不能生搬硬套，要依文意、合文气、顺文势。

（3）欲轻先重，欲重先轻。

轻重相间，虚实相间，也是形成节奏的重要方法。语流推进过程中，由于色彩和分量的需要，在加重声音之前，要先弱化声音，在轻化声音之前，要先强化声音。

（4）欲快先慢，欲慢先快。

快慢是节奏的一个重要方面。"慢"是指字音稍长，停顿多而时间长。"快"是指字音短促，停顿少而时间短，连接较多。重点句需要慢时，前面句子则需要适当加快。重点句需要快时，前面句子则需要适当减慢。

在实际运用中，四种方法交错、重叠使用。只有综合使用它们，才能使节奏更为灵活多样。四种方法的核心是：加强对比，控纵有节。

即兴口语表达

1. 广播电视即兴口语表达的范畴和现状

广播电视即兴口语表达的范畴包括对内容的即兴评论、连线采访、与观（听）众现场交流互动以及对节目中突发状况的解决与处理。因为传播方式的不断改变和为了更好地满足观众需要，今天的播音主持工作岗位对从业者的即兴口语能力有着越来越高的要求。

2. 广播电视即兴口语表达运用的原则

（1）坚持真实的原则。

口语表达，首先应该建立在信息真实的基础上。离开了真实的前提，辞藻越华丽，调唱得越高，越可能失去受众的信任。

（2）坚持准确的原则。

准确，就是要用最恰当的字句，恰如其分、恰到好处地表现客观事物、表达思想感情。

（3）坚持密集的原则。

信息的密集，就在于能否在有限的时间内，尽可能多地给受众提供有价值的信息。

（4）坚持迅捷的原则。

面对全球化信息传播的激烈竞争，我们不仅要"发言"，还要获得主动性、时机性、时效性、权威性。要做到这几点就必须牢牢抓住首发权，不仅要在第一时间"发现"，还要在第一时间有理、有利、有节地"发出"信息。

（5）坚持精美的原则。

所谓精美，就是要善于揭示信息的内涵，用优美的声音和巧妙的表述，赋予信息以美感。

3. 厚积薄发对即兴口语运用和表达的积极意义

即兴口语运用与表达的能力是一个厚积薄发的过程，只有通过长期的量变过程积蓄力量打好语言能力基础，丰富自己的文化素养，掌握清晰迅捷的思维能力从而得到质的突破，在即兴表达中自然放松、游刃有余。

4. 串联词的定义、特点、功能、把握以及创作追求

串联词的定义及特点

串联词是指播音员主持人在组织、串联节目各组成部分的时候，即兴发挥的话语。串联词具有很强的主动性、机动性、灵活性、应变性。掌握串联词的特点，有助于主持人更好地把握各部分的轻重缓急、快慢疏密，使得节目进程紧凑有致，富于节奏感。

（1）篇幅短小，内容精炼。

与主体信息相比，串联词所占的时间短、比重小。虽然仅仅是三言两语，但绝不是可有可无的，要把串联词用在关键点上，要把话说在节骨眼儿上。

（2）见缝插针，针对性强。

串联词形式多样，位置灵活。但无论出现在哪里，无论是叙述、说明还是点评，串联词通常是由某个人、某件事或某一点引发开来的。因此，要扣紧由头，见缝插针，抓住关键，具有较强的针对性。言之有物、言之有理、言之有情、言之有趣的话语，才能真正起到串联、提示、点染的作用。

（3）依赖语境，借景生情。

即兴串联的一个显著特征，就是对于语境的依赖。在创作过程中，主持人随时可能觉察到蕴涵在语境中的有价值的信息点，借景生情，情生而"兴"发，于是产生不吐不快的动机和愿望。

（4）寓理于情，情理交融。

串联词既要明理又要抒情，更多的情况是，将道理融化在感人的话语之中，产生"润物细无声"的表达效果，让人不知不觉、心甘情愿地接受你的看法。

串联词的功能

串联词是由节目的需要而产生的，因此，节目的需要也就决定了串联词的功能。串联词的功能可以分为四个方面：

（1）衔接转换的功能。

串联词的首要功能是"串联"，串联词穿针引线、环环紧扣，形成完整的逻辑链条，使节目编排的结构意图得以显现。

（2）补充完善的功能。

不管是新闻类、文艺类还是服务类节目，都可能会有一些非说不可，但又不能，或者不便放在节目的板块中来表述的话，这时候就需要主持人通过串联词来起补充完善的作用。

（3）阐发和点化的功能。

主持人要在尊重原有材料的基础上，对串联词做适当的加工和调整。对于那些受众不十分熟悉的内容，需要用串联词来做相对通俗的阐发和及时的引导。对于那些专业性较强或是意蕴较深的内容，需要用串联词来做巧妙的"点化"和恰切的诠释，以使受众对传播内容有更加清晰、深刻的理解和感受。

（4）沟通和交流的功能。

串联词是节目各部分衔接的链条，主持人要在把握节目脉络的基础上，抓住机会，抓住受众情感的高潮点，根据自己的理解和感受，讲究分寸地对节目内容做分析评价，以引起受众的注意和激发受众的兴趣，烘托场上气氛，使主持人与受众之间沟通、交流的渠道顺畅，达到感情的共鸣。

串联词的把握

串联词的把握可以从前期和现场两个方面来进行。前期主要是准备阶段，包括把握节目的需求及必要的知识准备和临场心理准备；后期主要是实战阶段，包括把握即兴串联词"从文字语言到有声语言的转换和从内部语言向外部语言的转换"及自控与控场的能力和技巧等。

（1）精心准备，有充分的预案。

a. 把握节目的需求。即准备必须紧紧围绕节目的需要，充分挖掘和利用相关材料，以体现节目宗旨。

b. 必要的知识准备。主持人应该在"善于传播"上下工夫，那么，就需要不断地吸收。虽然他不是某个领域的专家，但只要节目需要，他可以迅速地吸收这个领域的相关知识，争取具备一定的发言资格。

c. 做好相应的心理准备。良好而稳定的心理素质是获得良好的临场心理状态的基础。具体到每一次的创作，除了做好必要的案头工作以外，还要进行一定的临场心理准备。首先是重视彩排；其次是要重视热场；第三是要注意排除杂念，专心地进入创作情境。

（2）创作现场把握。

a. 保持积极活跃的思维状态。在即兴口语的现场，创作主体的思维活动必须处于高度活跃的状态。首先要"勤于捕捉"，无论在场上场下，都要密切注意节目制作过程的一切变化，只有勤于捕捉，才能抓住动人的瞬间。其次是"主动思考"，多动脑子，多想办法。第三是要"善感"，应当善于积极感觉外部世界的刺激和捕捉自己的点滴感受，善于由外及内地将所感受到的刺激加以梳理和深化，也善于由内及外地将自己的所感所思，条理化、清晰化、情感化地传达给受众。

b. 掌握串联结构技巧。首先应该明确的是，串联的基础和前提是节目的整体构思，然后才是语言的加工润色。通过清理内在的逻辑关系，使看起来无序的内容变得"有序"，使衔接转换"合情合理"，不突兀，不单调，不直白。

c. 把握整体的节奏。在节目现场，主持人要像交响乐队的指挥一样，"俯瞰"全局，把握高低、快慢、轻重、虚实的变化，对各个场景的衔接熟稔于心，对节奏的控制收纵自如。

d. 发挥有声语言的魅力。有声语言是播音员主持人创造性劳动的最终体现，因此，它的质量如何，对即兴口语表达起着关键性的作用。

串联词的创作追求

（1）求新。

主持人的语言，关系到节目串联的成败，其创新的表现在于：将新鲜的内容、新鲜的视角、新鲜的结构形式、新鲜的表达方式融入串联词当中，避免简单化、模式化，不说空话、套话、水话、废话，努力创作出意味深长而又新颖别致的串联词。

（2）求精。

"求精"对主持人自身也提出了更高要求。体现在语言风格的磨砺上，就需要主持人善于广采博收、兼容并蓄，并以此作为基点，在实际工作中客观地评价自己，不断地调整、完善、创新，形成符合自身特点的新颖的语言风格。

（3）趋雅。

串联词同样要在遵循语言规范的大前提下，汲取书面语缜密严谨、文雅庄重的长处，发挥生活口语通俗生动、句式简短、富有感情的优势，依照广播电视传播语境的要求，创作出较高层次的"雅化"即兴口语。

（4）向美。

广播电视有声语言的美在于和谐，串联性即兴口语也要服从这一要求，力图与节目、受众和谐共振。只有当语言与节目整体风格一致时，人们才会感到和谐。串联性的即兴口语，要追求更高、更美的层次，就要尽可能地吻合节目的特点，体现节目的宗旨、风格，以满足受众的审美期待。

5. 临场应变——即兴口语表达的致臻境界

反应迅速，举重若轻。
恰切得体，自然天成。
化险为夷，锦上添花。
情理之中，意料之外。
察言观色，心理自控。
泰然处之，机敏应对。

6. 即兴口语表达易出现的问题

语言和思维不能同步

当我们进行即兴口语表达时，我们的头脑虽然在高速运转，但常常会出现一句话说完了却还没有组织好下一句话的情况，导致语脉不连贯，语言不流畅。这就是我们所说的语言和思维不能同步。只有在平时大量实践与积累的基础上克服思维不够活跃这样的硬伤，才能在即兴口语表达中显得更加得心应手，表达内容更得人心。

表达能力欠缺

有的主持人因为口语表达能力不强，临场发挥能力欠缺，即兴口语表达时会出现表达内容逻辑不清、推理不严密、语法不符合规范、用词不当、乱用语气词等问题，或者像背稿子、读论文。

避免这些问题的一个很重要的方法是：口语表达要有口语特点，简明扼要，要尽量使用简单句，避免复杂句，更要杜绝病句。

语言不够自然生动

在语言方面，有些主持人不仅缺乏自然生动，而且空话、套话、废话连篇，甚至信口开河，用语粗俗。口语表达主要是用语言来影响听者，因此必须要注意词句的修饰，语言要清楚、准确，形象生动。注意运用大众化语言，语言色彩要适合听众特点。

7. 临场应变的定义、要求、依据、现场控制以及应变策略

主持人的临场应变

主持人的临场应变是指在节目进行当中，当意想不到的情况突然发生时，主持人所做的现场应急反应，它可以检验出主持人的思维品质、知识涵养、语言储备和心理素质等多方面的水平。

临场应变的要求

（1）反应迅速，举重若轻。

临场应变首先要求反应迅速。在节目录制现场，无论多么复杂的场面，多么出乎意料的突变，作为主持人都应该能一下抓住关键点，游刃有余地"轻轻带过"。

（2）恰切得体，自然天成。

也就是语言运用要得当准确，恰如其分，恰到好处，切合"题旨情境"，符合具体语境的场合、氛围，符合传受双方的身份和心理。

（3）化险为夷，锦上添花。

在节目的进行当中，尤其是在直播的过程当中，存在着很多变数、很多不可预知的因素。稍有不慎，就可能发生"险情"。这就要求主持人能够处变不惊，沉着冷静，处理果断，善于"化险为夷"，变被动为主动。

（4）情理之中，意料之外。

所谓情理之中，就是要符合人情事理，不能违背人们一般的认识规律和道德规范。所谓意料之外，就是不能够依据常理，要说出别人想不到的话。

临场应变的依据

所谓"应变"，应该是"变"在前，"应"在后。而"应"的成功与否很大程度上在于主持人能不能敏锐预测、捕捉到"变"的因素，并因势利导，变不利为有利。

（1）从"人"的因素中获取信息材料。

在广播电视节目中，"人"有三个组成部分：主持人、嘉宾和受众。作为节目的制作者、操控者或参与者，"人"是创作中最活跃的因素，"人"集合了最丰富的信息。所有这一切，都是值得关注、利用、挖掘、生发的材料来源。

（2）从时间因素中获取信息材料。

从时间因素中获取信息材料，并巧妙地将其融合到节目当中，能起到提示和渲染主题的作用。

（3）从环境因素中获取信息材料。

环境是个较大的范畴，包括现场的一景一物、自然面貌、环境氛围等。如果不断对这些情景物体进行由此及彼、由表及里的思维"扫描"，便有可能获得临场应变的源头活水。

（4）从节目因素中获取信息材料。

要留意节目背后的总体关系和相互联系。善于发现新鲜点，抓住闪光点。

临场应变的现场控制

临场应变的现场控制是应变实现的关键环节。当意外情况发生的时候，主持人必须要有很强的控制能力，能够驾驭现场。

（1）稳健兴奋，心理自控。

临场发挥需要在瞬间作出反应，创作主体只有在饱满的情绪支配下进入良好的创作状态，才有可能激活思维，敏锐应对。而这种状态的获得，离不开心理的兴奋。另外，要想积极应对场上发生的各种情况，还要善于调动情感、控制情绪。

（2）察言观色，控制现场。

主持人是节目现场的驾驭者。因此，不仅必须具备较强的自控能力，还必须具备较强的控场能力。通过有效的听辨和反馈，使意识处于十分清醒、敏锐的兴奋状态，保证思维活动具有灵敏性与变通性。

（3）泰然处之，机敏应对。

思维灵敏性与变通性得以发挥的条件，在于具有良好的心理状态，即：积极、自信、兴奋、从容。

临场应变的策略

（1）借题发挥，自圆其说。

有时失误来自主持人自身。失误一旦出现，不必慌张，更不必患得患失、强词夺理，而要勇于承担，轻松面对。可借助实际结果道出意义，借助现场情境抒发情感，自圆其说，获取谅解。

（2）欲扬先抑，顺势而发。

参与节目的人中会有不同的声音、不同的观点，作为节目主持人，要用真诚、平等的心态面对嘉宾和受众，耐心聆听，尊重对方，但也不要放弃自己的立场和观点，可待机而动，顺势而发，委婉地表达不同的看法，巧妙地表达自己的观点，使谈话渐入佳境，避免直接冲撞。

（3）善解人意，及时调整。

主持人要善于沟通感情，善于调节气氛，设身处地替对方着想。

（4）有意岔题，峰回路转。

在直播热线节目和现场谈话节目当中，我们会遇到各种各样的人和各种各样的问题。遇到棘手的问题，采取"硬切"的办法回避，当然不失为一种策略，但也不妨采取正面回答的办法，巧妙地扭转逆反心理，消除不良影响。

（5）以攻为守，合理"冲撞"。

在某种意义上，主持人是节目的主人，但有时候也会遇到某些采访对象或嘉宾反客为主，发出咄咄逼人的诘难。这种情况下，主持人不能有恐慌、软弱或者逃避的表现，而要"遇强不弱"，从容应对，把难题甩回给对方，如果处理得当往往很能出彩。

当然，临场应变的策略很多，甚至每一个成功的主持人都有自己的经验之谈。别人的经验要学，自己的经验总结尤其可贵，因为经验往往都是跟教训联系在一起的，经验的得来都是要付出一定代价的。所以作为一个主持人必须要不断积累、总结经验，丰富自己策略的宝库，这样才能够从容应对各种突变。

第四部分

播音主持业务

一、文稿播读

复习要点提示

● 掌握新闻类文稿、文艺类文稿、社教类文稿、财经类文稿播读的总体要求和具体要求。

新闻类文稿播读

1. 新闻文稿播读的总体要求

新闻播音是广播电视传媒中播音员主持人最重要的工作内容之一，新闻播音质量的高低直接影响着传播效果的好坏。目前广播电视新闻节目播音主要涉及新闻消息、新闻评论、新闻专稿。

新闻类文稿播读的总体要求是：

（1）正确理解稿件的内容与精神实质。

（2）体现新闻节目的时效性和时机性。

（3）准确把握播读分寸。

（4）根据节目与稿件需要实现播读风格的多样化。

2. 新闻消息的播读

在广播电视新闻节目中，新闻消息是最常见、使用最为广泛、播发量最大的。新闻消息的播读是播音员主持人最主要的工作内容之一，消息报道的质量直接影响着宣传与传播的效果。新闻消息播读的具体要求是：

（1）叙事清楚。

（2）新鲜感强。

（3）语言朴实。

（4）节奏明快。

3. 新闻评论的播读

新闻评论是评论的一种，属于政论性的新闻体裁。一方面它具有政治论文的鲜明特点；另一方面，它又具有强烈的新闻性。它的特点是，将新闻的客观性和评论的说理性有机地结合起来，具有鲜明的导向性。评论的核心问题是论理，根本目的是揭示客观事物的本质，指导人们的行动。评论播音应该在体现评论稿件特点的基础上突出有声语言表达的特色。评论播音要观点鲜明，态度明确，逻辑严密，论证有力，以理服人。因此在播读过程中要注意分寸得当，质朴庄重，重音坚实，语气肯定，节奏稳健，张弛有致。

4. 新闻专稿的播读

新闻专稿是详细、生动的新闻报道。新闻专稿属于新闻报道范畴，与消息一样提供新闻事实，其时效性要逊于消息，不过它比消息更加详细、具体、生动，也更有深度。新闻专稿播读的具体要求是：

（1）准确：主题明确、线索清晰、细节精准。

（2）具体：感受具体、表述具体。

（3）生动：情感细腻、形象鲜活、表达灵活。

文艺类文稿播读

1. 文艺类文稿播读的总体要求

文艺播音是广播电台、电视台文艺稿件中对串联词、解说词、评介稿件等有声语言再创造的播音活动。串联词、解说词的播音是不能离开文艺节目的录音或录像素材而独立存在的。播音员的有声语言只有和音乐、歌唱、音响或画面等素材配合起来，才能使文艺节目立体化，让受众获得形象化的感受，起到吸引、感染受众的作用。文艺播音要求播音员主持人对所介绍的文艺作品的内容、主题、艺术形式、特点风格有较深入的了解，积极开展形象思维活动，以介绍者的身份出现，在节目与受众间起桥梁作用。播音时要避免客观、冷漠或自我陶醉的现象，既不喧宾夺主，又不模糊含混。要与素材中的画面、语言、音乐、效果基调统一，变化一致，有主有从，相辅相成，从而使整个节目和谐一致，浑然一体。文艺播音的语言应具有讲述性、欣赏性。

2. 文艺类节目的分类

文艺播音主持是"原作"和稿件结合的产物。播音员主持人接触的文字稿件必须依附于文艺作品本体，从而创造出适应听觉、声画结合、有较高愉悦和审美情趣的文艺节目。一般情况下，台里编辑部门是依照文艺作品本体的类别将节目归纳为音乐节目、戏曲节目、曲艺节目、文学节目、综艺娱乐节目等。若从播音主持特点的相近性考虑，也可将不同类别中稿件的相同体裁形式归纳在一起，分为串联词、解说词和评介稿，以显示出播音主持的特点，并便于摸索播音主持的规律。

3. 文艺类文稿播读的具体要求

（1）理解原作是理解稿件的基础。

（2）明确节目播出目的，把握编辑意图。

（3）充分运用形象思维，揭示主题，调动情感。

（4）把握好内行的欣赏者、热情的介绍者、共赏的知音者的创作心理状态。

（5）把握好与录音素材配合的技巧。

（6）掌握好必备的语言技能。

4. 各种文艺节目的文稿播读

文艺播音稿件的有声表达，是播音艺术表达规律的特殊个性体现，它遵循着一切播音表达的共同规律，同时也显示出鲜明的独特性。文艺播音的有声语言是播音艺术的物质材料，它依照稿件内容和形式的相近或相异，构筑成不同文体播音独具特色的有声语言形式。播音员在进行有声语言表达时，如果能加强以下五个方面的能力，就能使自己的文艺播音语言具有感人的魅力：

（1）形象的喻示能力。

（2）情感的激发能力。

（3）美的体现能力。

（4）夸张的语言表达能力。

（5）与录音素材配合和谐的能力。

社教类文稿播读

1. 社教类节目及其分类

社教类节目是以社会教育为宗旨的节目类型。其基本功能是社会教育，它传播科学文化知识、专业技能，提供经济、法律、医药等多方面的服务，它具有内容广泛、专业特点突出、服务对象鲜明、节目形态丰富的特点。社教类节目从内容到形式都具有丰富性、复杂性和交叉性的特点，因此，在分类上也有多种分法：

（1）按节目内容和社会功能划分，有知识类、服务类和对象类节目等。

（2）按节目构成和传播形态划分，有杂志型节目、专题型节目等。

（3）按节目播出方式划分，有参与型、非参与型之分，直播、录播之分等。

2. 社教类文稿播读的总体要求

社教类节目文稿播读的要求涉及若干方面的问题，但从根本上来说，播音员主持人拿到稿件后要解决的问题主要有以下四个方面：

（1）深入理解稿件内容，全面把握稿件结构。

（2）领会节目意图，让播出目的具体化。

（3）明确收听收视对象，摆正自己与受众的关系。

（4）有声语言表达要有针对性、服务性，朴实流畅，灵活丰富，完成从文字语言到有声语言的二度创作。

3. 社教类文稿播读的具体要求

社教类节目的有声语言表达与这类节目的文稿写作特点及节目内容形式密切相关。在播读这类稿件时，不能忽略文体本身的特点及节目内容形式的需要，不能离开播音基础理论的指导。社教类节目的文稿种类有很多，如：知识类、服务类、对象类等，不同种类的稿件播法也不同。播音员主持人要根据节目类型的不同调整语言表达的方法。社教类节目播音的语言特点是：针对性强、服务性强、朴实流畅、灵活丰富。播音的表达方法应紧紧地与稿件的写作方法联系在一起。对播音员来说，如果稿件采用不同的写法，如：下定义、举例、对比、设问等，有声语言就要有不同的播法。播音时要首先明确服务宗旨和目的，确立好服务对象，做到有的放矢。状态要真诚积极热情，要用心说话，做到言由衷，行自如。播音员主持人穿着打扮要大方得体，符合节目内容的需要。

财经类文稿播读

1. 财经类节目及其分类

财经类节目，顾名思义是以经济及大量信息为主要播出内容的节目。目前常见的节目类型主要有：经济新闻类节目、证券类节目、财经人物类节目、经济娱乐类节目等。这类节目以把握经济脉搏、服务经济大众为己任，注重节目的实用性、服务性和精确性，以期为受众构建一个便利的经济生活服务的信息网，具有权威性、大众化的节目风格。

2. 财经类文稿播读的总体要求

由于财经类节目具有如下功能：

（1）秉承大经济的概念，报道能反映中国经济脉动和趋势的信息。

（2）以选择重大的经济事件、业界风云人物作为报道的焦点，凭借专家的鼎力加盟以及高素质采编人员的高速运转，透析复杂的经济现象，倾力维护权威与公正。

（3）深度报道经济事件，忠实记录企业变革，向对社会经济最具影响力的受众群提供经济环境的介绍，以满足受众学习经济知识和经济运行规则、不断提升经济地位的需求。

因此，要求财经类节目播音员主持人要具有敏锐警醒的新闻眼与客观严谨的求证品质；善于从经济的视角理解和把握稿件中的权威评论和报道；对于前沿的内容、敏感的题材及不断创新的节目形式有较深入的了解及较强的敏感性和适应性。

3. 财经类文稿播读的具体要求

财经类文稿一般具有较强的知识性和专业性，因此要求播音员主持人的语言要客观确切，清楚自然。做到：

（1）深入理解、全面把握稿件内容。

（2）弄懂稿件中出现的专业术语及名词并清楚准确地表述出来。

（3）注意停连重音的准确把握。

（4）语言基调朴素舒展，自然从容。

二、话题主持

复习要点提示

- 掌握新闻评论类、财经类、服务类、综艺娱乐类话题主持的界定和各种主持专业要求。

新闻评论类话题主持

1. 新闻评论类节目的界定和分类

（1）广播新闻评论的种类和形式：广播新闻评论（以下简称"广播评论"）是新闻评论在广播媒介中的具体运用。受其传播特点和传播规律的影响和制约，广播评论有着自己鲜明的个性特征和表现形式。广播评论的体裁和样式可分为两大类：一类是由报刊评论沿袭而来的，如本台评论（相当于社论）、本台评论员文章、本台短评、编前话、编后话、述评等；另一类是更能体现广播特点和广播优势的评论样式，如广播谈话、评论员（或主持人）评论和音响评论（录音评论）等。

（2）电视新闻评论的种类和形式：电视评论是新闻评论与电视媒介相结合的产物，和广播评论一样也有一些独具特色的评论体裁和评论样式。电视评论的体裁和样式大致可分为两类：一类是与广播评论相仿的口播评论，基本上采用播音员或主持人口播的方式播出；另一类是视听结合的评论，大致又可分为谈话体评论、主持人评论和电视述评（也称新闻专题评论）三种。

2. 新闻评论类话题主持的基本要求

新闻评论类话题主持的基本要求是：一要坚持正确的舆论导向；二要坚持正确的创作道路；三要符合语言表达的基本要求。

对广播、电视新闻评论类节目主持人语言的基本要求是：准确、鲜明、生动、规范。具体要做到：

（1）掌握新闻评论类节目的基本特征：新闻性、政论性和群众性。

（2）把握新闻评论类话题操作中关键性的两个问题：选题和立论。

（3）掌握两种新闻评论类话题操作的基本形式：点评和"独立成篇"的言论。

（4）注意话题的结构，安排布局要合理，层次要明晰，逻辑要顺畅。

（5）把握新闻评论话题语言的基本特点：a.语言要平实。b.在叙事的基础上点评，形成夹叙夹议的特点。c.大量采用口语，减少书面化语言。

财经类话题主持

1. 财经类节目的界定

财经类节目以把握经济脉搏、服务大众为己任，具有权威性、大众化的节目风格，同时它又注重节目的实用性、服务性和精确性，以期为受众构建一个便利的经济生活服务信息网。

2. 财经类节目主持人的定位

评论时事热点，干预经济生活；提供新闻背景，摆出分析意见。财经类节目主持人应随时保持冷静的头脑，应超越个人之见、门户之见，从民族利益、国家利益的角度为受众提供信息，关注重大问题。

3. 主持财经类话题的基本要求

财经类话题在财经类节目中扮演着越来越重要的角色，主持人全方位介入节目，并对重要经济新闻加以评论已成为财经类节目的主流趋势。主持财经类话题的基本要求是：

（1）开放、前沿、创新。

（2）要有帮助受众从繁杂的信息中抽取精要，并加以引导和帮助的能力。

（3）要有一定专业知识的储备。在主持财经类话题时做到：提示重点、分析焦点、预测热点、纠偏补正、客观真实。

服务类话题主持

1. 服务类节目的界定和种类

服务类节目是一个庞大的节目种群。从广义上讲，节目都是服务于人民群众的；从狭义上说，服务类节目是指为人们和社会的日常生活、具体需要提供指导帮助、具体服务的一种形式。它的种类繁多。从总体上说，只要是以"服务"两字为栏目的主导方向，同时又能提供带有一定指导性、对象性服务的节目均可称为服务类节目。具体分类方法如下：从节目功能上说，服务类节目有教育性、知识性、信息性、服务性四种。不同的定位使节目在具体表现风格上表现出较大的差异。

2.服务类话题主持的基本要求

服务类节目的核心就在于"服务"二字，如果节目做得服务性不强，就意味着节目的失败。要想使"服务"二字落到实处，首先应从四个方面思考：服务要具体、服务要深入、服务要多样、服务要有特色。在主持服务类话题时，节目的定位一定要锁定在受众身上，选题时一定要深入了解受众的需要。在语言表达上要求主持人做到：

（1）语言简练、流畅，用词准确、朴实，重点要突出，信息量要大，具有吸引力。

（2）准确把握自己的位置，用自己的语言，有感而发。

综艺娱乐类话题主持

1.综艺娱乐类节目的界定

综艺娱乐类节目是运用广播电视手段对文学、戏曲、戏剧、音乐、舞蹈、曲艺、杂技、游戏等艺术门类进行再创造的独具魅力的节目形式，它是多种艺术与广播电视传媒艺术的有机结合。综艺娱乐类节目的种类繁多，有广播音乐节目、广播综艺节目、电视综艺晚会、电视游戏节目、知识娱乐节目等。其根本功能是：丰富文化生活，陶冶艺术情操，提高审美能力，愉悦身心健康。

2.综艺娱乐类节目主持人的专业要求

由于综艺娱乐节目具有艺术性、知识性、娱乐性以及服务性等交叉渗透的多重性，因此，综艺娱乐节目对主持人的个性特征和综合能力都提出了更高的要求。在思想上，综艺娱乐节目主持人应当了解党和国家的方针政策，肩负起提高民族素质，优化民族生存环境，陶冶民族情感，培养民族文化修养的神圣使命；应具有良好的职业道德，牢固的群体意识，坚定的团队精神；综艺节目主持人应是热爱艺术的人，懂得一定的艺术理论与常识，熟悉基本的艺术门类，有较强的艺术理解力、感悟力和鉴赏力，并具有一定的表演才能和舞台经验；主持人的语言应生动活泼，能调动受众的情绪，使节目在起承转合的过程中衔接自然，要做到言之有物，言之有趣；主持人还应具有创新意识，不断开拓新形式，挖掘新内容，拓展自己的主持风格。

3. 综艺娱乐类节目主持创作要点

（1）正确理解娱乐性，不落入低级庸俗的窠臼。

（2）熟悉节目内容，灵活运用相关的专业知识。

（3）坚持语言规范，不盲目随波逐流。

（4）夯实语言基本功，避免语言的呆板与单调。

（5）与搭档默契配合，加强现场的快速应变能力。

第五部分
播音员主持人形象

一、播音员主持人形象概述

复习要点提示

● 掌握播音员主持人职业形象和个人形象的定义和要求。

形象的定义

播音员主持人是媒体的直接代言人，负有重大的社会责任。我国的广播电视，是党、政府和人民的喉舌，是教育全党、全军和全国人民建设社会主义物质文明和精神文明的最强大的现代化工具，是党和政府联系群众的最有效的工具之一。播音员主持人是节目的代表，也是电台、电视台的"门面"，代表着媒体的形象，在本质上传达的是党和政府的声音。半个多世纪以来，人民把我们播出的每一个节目都看成是党和政府的声音，因此，播音员主持人的形象既代表着媒体的形象，也反映着党和政府的形象。这种形象，应具有庄重、严谨、真实、可信的特点，具有权威性和公信力。对此，播音员主持人应树立强烈的事业心，自觉承担起重大的社会责任。

职业形象

播音员主持人在职业活动中表现出来的形象，包括声音形象、屏幕形象和社会公众形象。

1. 声音形象

播音员主持人通过声音所表现出来的精神面貌和气质。要求音色纯正，语音规范，语言自然大方、庄重、沉稳、大气，具有权威性，真实可信。

2. 屏幕形象

播音员主持人通过屏幕所反映出来的精神面貌和气质。要求庄重大方、文明得体，服饰、发型、化妆、举止等要符合栏目要求，符合大众审美情趣和欣赏习惯。真实自然，亲切可感。

3. 社会公众形象

播音员主持人是广播电视传播的形象代表，这一特殊的岗位使得播音员主持人的形象具有公众人物的特点。作为公众人物，要时刻保持高度的责任感，确立正确的公众人物观念，为社会树立良好的典范形象。

个人形象

个人形象是播音员主持人在日常生活中具有的本色属性。但是由于播音主持岗位的特殊性，由于播音员主持人是具有一定社会影响力的公众人物，因此，播音员主持人不能不严格约束自己的日常行为，不仅在工作中而且在日常生活中都要保持良好的仪表和文明举止。自尊自爱，不参加任何有损于媒体形象、自身形象的组织和活动。要有社会公众人物的自觉意识，接受社会、公众和媒体较常人更为严格的监督。

二、塑造播音员主持人形象的意义和作用

复习要点提示

● 了解塑造播音员主持人形象的意义和作用。

有助于塑造媒体形象

播音员主持人在广播电视传播中,始终处于最前沿地位,并且在其中发挥承上启下的连接作用,他们的形象是媒体对外的代表,是媒体综合实力的体现。他们的表现,直接反映了一个媒体的价值取向、文化选择和综合实力,直接影响媒体在社会中的地位和形象。所以,重视塑造播音员主持人形象,提高播音员主持人的综合修养和能力,既有助于提高媒体的传播水平,提升媒体的品格和档次,扩大媒体在受众中的影响,更有助于营建健康的媒体文化,塑造良好的媒体形象。

有助于先进文化的传播

由于播音员主持人在广播电视传播中的特殊地位和作用,使得播音员主持人在先进文化的传播中,起着非常重要的引导、示范和影响作用。因此,播音员主持人的世界观、道德观、价值观、人生观以及在节目中所表现出的价值取向、道德标准、审美趣味等,无不反映着对文化的取舍,影响到先进文化的传播和弘扬。

播音员主持人在进行大众传播、塑造形象时，要始终坚持正确导向，关注社会效益，努力塑造美好心灵，弘扬社会正气，代表先进文化的前进方向。

播音员主持人因获得了政府和人民的授权，借助广播电视强大的传播力，成为万众瞩目的公众人物，具有较大的社会影响力。他们担负着广播电视传播先进文化，弘扬民族精神、科学精神、人文精神和法制精神，推动人类文明进步的社会责任，代表的始终是社会发展中积极的、进步的主流趋势。播音员主持人作为广播电视传播的参与者和直接体现者，作为社会主流思想、主流文化等的直接传播者，作为对社会具有巨大影响力的公众人物，在这个过程中所起的作用是显而易见的。可以说，播音主持形态反映着一种文化选择，播音主持行为呈现为一种文化流转，而播音主持活动正是一种文化建构。只有优秀的播音主持作品、良好的声屏形象才会对引导社会文化思潮、推进社会主义文化建设起到正面的作用。因此，播音员主持人应珍惜荣誉、谦虚谨慎、心系受众、爱岗敬业，塑造良好的公众形象，做"德艺双馨"的新闻工作者。

三、处理好播音员主持人形象的多重关系

复习要点提示

- 掌握职业形象和个人形象、内在素质和外在形象、个人和集体的关系。

职业形象和个人形象的关系

播音员主持人的形象是由其特定的工作岗位决定和赋予的。岗位的特殊，使得播音员主持人成为公众人物，使得播音员主持人有机会使用大众传媒这一公共资源，从而获得比一般人更多的话语权利和相关利益。职业形象是播音主持工作所必需的，既不能把它与个人形象混为一谈，也不能以它来代替个人形象。播音员主持人必须在工作中努力塑造良好的职业形象，维护良好的职业形象，但不能利用职业形象在日常生活中牟取不当利益，岗位的特殊，不能是播音员主持人成为一个特殊群体的理由。除了工作性质特殊以外，除了工作要求特殊以外，言语行为不能有任何特殊，甚至还要比别人要求得更为严格，这是对一个新闻传播者、一个社会公众人物的基本要求。如果混淆或分不清职业形象和个人形象，错把政府和人民赋予的话语权、媒体的形象和影响、集体的智慧与努力通通归功于个人，"神话"个人形象、滥用职业形象，就会造成恶劣影响，这是绝对不能允许的。

内在素质和外在形象的关系

内在素质是指播音员主持人在职业活动中所表现出来的道德情操、审美趣味、价值取向、学识修养、性格特征等内在素养。

外在形象是指播音员主持人在职业活动中所表现出来的外在的形象特征，包括声音、容貌、服饰、化妆、发型、体态等。

如同内涵之于表现的关系，内在素质是外在形象的主导和关键，内在素质转化成传播主体的传播思路、传播愿望、传播能力，作用于传播主体的外在表现，流贯于传播主体在声音、容貌、服饰、化妆、发型、体态的取舍、安排和展现上。在一定意义上，外在形象就是内在素质的外化表现。有了深厚的内在素养，会在外在形象中自然表现出来。它们是相辅相成、相互促进的关系。那种只注重外在形式的包装，而不注重提高内在素养的做法是错误的，也是不能长久的。

个人和集体的关系

在现代社会中，一个人想凭个人的力量来完成一件事，尤其是像广播电视这样多工种、多业务、多部门相互配合才能完成的工作，几乎是不可能的。播音员主持人的工作从表面上看，是以个体行为体现的，但实际上在他们的背后有着一个庞大的群体在为他们服务，他们只不过是这个集体对外的代表。而播音员主持人的形象，则是广播电视媒体和播音员主持人共同塑造和推出的公众形象，是集体智慧的结晶，是集体形象的缩影。

由此可见，大众传播活动是群体活动，播音员主持人始终在集体之中，是集体的一员，这不仅是因为传播活动作为系统工程是个体无法承担的，还因为集体的智慧能够创造出更为优秀的作品。先进的集体鼓励个体发挥最大的潜能，却不提倡纯粹的个人表演。因此，播音员主持人要摆正个人和集体的关系，一方面要加强同集体的合作；另一方面要通过不断提高自己的业务水平和能力，更出色地做好这个集体对外的代表，不辜负集体对个人的期望。那种将个人凌驾于集体之上的想法和做法都是极其错误的。

四、塑造播音员主持人形象的具体要求

> **复习要点提示**
>
> - 掌握声音形象塑造的基本常识和技巧。
> - 深入了解播音员主持人塑造职业形象的基本要求。
> - 详细了解播音员主持人在生活中形象的基本要求。

塑造职业形象的基本要求

1. 声音形象塑造的基本常识和技巧

播音员主持人应该具备如下的声音形象：

（1）准确规范，清晰流畅。语音必须准确规范。说话时的吐字一定要清晰、准确，但不能"蹦字"，不能把汉字一个字一个字地往外蹦；说话时的字音听起来要如潺潺溪水，迂回向前。

（2）圆润集中，朴实明朗。这是对声音基本色彩的要求。声音要润泽，不干涩；吐字要颗粒饱满，声音不散，字音不扁。说话时的声音不仅要朴实，而且要明朗，使人听起来能够感觉愉快、轻松。

（3）刚柔并济，虚实结合。由于性别和性格不同，男性声音偏刚健，女性声音偏柔美，如果颠倒了就会使人感觉不舒服，但是无论男性还是女性，都不能一味地刚或一味地柔，因为"刚过则直，柔过则糜"。有的人说话时为追求声音的明亮，而过多地采用实声，听起来感觉很笨拙，不能很好地表达细腻的情感；有人追求说话时的柔美，过多地使用气声，听起来让人感觉很假。所以我们的用声追求是：刚柔并济，虚实结合。

（4）色彩丰富，变化自如。声音色彩是随着说话内容的发展而运动变化着的情感的外衣。声音色彩犹如画家的调色板，越丰富细致就越能传情达意，越有表现力和感染力。感情色彩的变化是无穷的，所以我们声音色彩的变化也是无穷的。

塑造完美的声音形象，可以从以下几方面进行训练：

（1）嗓音训练。

众所周知，由声带振动所形成的原始声音，即喉原音与最终说出的话，也就是与有声语言之间存在着类似原材料和制成品的关系。喉原音的质量好坏直接影响着发声的最终效果。为使我们的嗓音达到纯净、持久、丰满和富于变化的效果，需要在喉部放松的状态下，对嗓音进行科学的训练。

（2）共鸣训练。

学会使用共鸣，调节共鸣，是我们能够美化自己声音的一种重要的方法。共鸣训练主要包括口腔、头腔和胸腔的共鸣训练。练习中要注意掌握发音共鸣的总体感觉：气息下沉，两肋扩张，喉部放松，胸部不僵，声音像一条弹性带，从小腹拉出垂直向上，经口咽部向前，沿上腭中线前行，"挂"于硬腭前部，透出口外，声音通透。

（3）气息训练。

说话时呼出的气息就是发声的动力，声音的强弱、高低、长短，甚至共鸣都与呼出气息的速度、流量、压力、大小有直接的关系。气流的变化，关系到声音的响亮度，声音的清晰度，音色的优美圆润，嗓音的持久和耐力。说话时需要及时地换气和补气，随时对气息进行控制和调整。因此，掌握胸腹联合呼吸法至关重要。这种方法不仅能使说话的声音圆润、明朗、刚柔并济，而且十分有利于喉部的健康。胸腹联合呼吸训练的突出特点是：气下沉，两肋开，小腹收。

（4）口腔训练。

说话时，语义是通过语音来体现的，而汉语的字词是构成汉语语言结构的基本单位。要想准确、生动、清楚、明了地沟通交流、传情达意，就必须要充分重视吐字这个环节。在长期的语言实践中，我国的语言艺术工作者总结出了许多行之有效的吐字方法，"吐字归音"就是这些方法的集中体现。要掌握吐字归音的技巧，就要学会对口腔进行控制。

2. 职业着装的基本概念和搭配技巧

职业着装即播音员主持人在广播电视传播中的着装。由于播音员主持人直接代表广播电台、电视台的形象，言谈举止有着广泛的社会影响和示范效应，因此，规范播音员主持人着装的基本原则和基本要求，对于树立媒体良好形象、维护媒体公信力具有十分重要的意义。

播音员主持人在职业活动中的着装，首先要充分考虑到广播电视大众传播媒体的特殊要求这一根本原则，切记我们所从事的是大众传播，是一种公众行为，而不是个人喜好的公开展示；其次要符合中华民族的文化传统和审美习惯，落落大方、典雅得体；再者要适应当前大众的审美倾向和欣赏心理；最后，还要考虑和具体节目相适合。在此基础上还应遵循以下几项基本原则：

（1）遵循国际通用的、具有礼仪规范的"TPO"着装原则，即时间（Time）、地点（Place）、场合（Occasion）。

这里的时间有三层含义：一是指春夏秋冬季节的变化；二是指着装人的年龄档次；三是指时代的差异。地点在这里是指环境。穿衣戴帽要考虑是去哪里，是繁华都市还是乡村牧区，是工厂矿山还是旅游景区等，你的服饰和环境必须保持和谐相称，否则环境会对你形成排斥，使你在这个环境中显得格格不入甚至滑稽可笑。场合指的是特定内容下的对象及气氛。不同的节目有不同的目的和与之相配的着装要求及约定俗成的礼仪规则。着装的整体效果只有合乎所处的这些特定场合及对象，才会使受众感觉到你的礼貌、诚意、教养和情趣。

（2）符合广播电视传播特点，与节目内容、风格保持一致。

总体的把握应当是：规范、大方、得体、整洁。

（3）适合个人特点，着装能够扬长避短并且具有特色和个性。

着装可以真实地体现出一个人的修养，是一个人内在美的一种自然展现。每一个播音员主持人，都要力求在着装上做到以上三个方面的尽可能完美的结合。搭配技巧是着装品位、风格、个性形成的关键，决定着着装美的最高境界——自然、和谐的形成。颜色、样式和面料质地是着装搭配具有的基本元素，搭配质量最终取决于它们的组合是否能与人体相协调。因此，只有根据人体的自身条件，运用和发挥好颜色、样式和面料质地的特点，才能赋予着装最精彩的效果。

3. 发型造型的基本常识和要求

头发位于人体的最高点，它是一个人身上最吸引人视线的地方，在人的形象美中占有举足轻重的地位。选择发型，首先，要考虑媒体的特殊要求，要与节目定位相协调，大方、得体，避免媚俗。其次，要遵循以下几项基本原则：

（1）选择发型应与自己的体态、年龄相匹配。

（2）选择发型应与自己的身份、工作性质和周围环境相适应。发型的选择不能只顾自己的好恶而不考虑外界的其他各种因素。

（3）选择发型应与自己的脸形相协调。发型与脸形关系特别密切。发型的好坏，关键在于对人的脸形是否合适。总之，应根据自己的特点，扬长避短，显美藏拙，而不要生搬硬套。

（4）发型造型要自然得体。发型造型包括烫发、染发和佩戴假发、发饰、帽子等。不论采用哪种方法，都要注意美观大方，自然得体。严禁庸俗的、怪异的、染成五颜六色的发型出现在大众传播媒体中。

发型造型的基本作用有两个：遮掩和协调。遮掩，利用头发的遮盖，掩饰和转移人们对面部不佳形态的注意，达到掩盖缺点的目的。协调，通过发型与身体各部位的协调配合，使形象在整体比例关系上达到最佳的视觉平衡，强化优势。

发型选择要求处理好两种关系：发型与人体外观条件的关系；发型与人体内在条件的关系。前者的关系可以具体细分为：发型与头颅、脸形、脖颈、身材、发质的关系；后者的关系主要指与年龄、气质的关系。

选择发型，总的原则是男性应讲究阳刚之美，女性则崇尚阴柔之美。

4. 化妆造型的基本原则和技法

"美得自然"是化妆造型的精髓。播音员主持人化妆造型的基本原则当然是以真实、自然为本。塑造出可信、准确、亲切、鲜明、生动和美的个性形象。它是电视传播特点、传播任务和节目信息传播要求在个人形象上的综合体现。化妆造型应遵循以下两条原则：

（1）化妆应与皮肤、年龄相适应。

（2）化妆的浓淡要与时间、场合相协调。

播音员主持人化妆的基本技法：绘画法（矫正化妆）、粘贴法。绘画法指在人体实体的基础上采用绘画的方式，运用颜色的明暗、冷暖等对比进行化妆的方法；粘贴法指用一定的化妆材料进行粘贴改形的方法。绘画法和粘贴法的结合运用是播音员主持人化妆的一般方法。

5. 饰物佩戴的基本常识

饰物，是指能够起到装饰作用的物件，如耳环、项链、戒指、手镯、眼镜、围巾、领带、胸花等。它们有的是实用性与艺术性的结合，有的纯属装饰品。每一个人由于所处的社会环境不同、文化素养各异，因而佩戴饰物的方法、水平与习惯也不一样。播音员主持人作为广播电视的形象代表，佩戴饰物不仅仅是个人文化素养、气质风度及审美格调的表现，更是时代气质和精神风貌的体现。

佩戴饰物要注意掌握以下几点佩戴礼仪常识：

（1）饰物的佩戴要注意顾及人体本身因素。要与人的体形、发型、脸形、肤色及服装和谐统一。

（2）饰物的佩戴要与所处环境相符。不同的环境对饰物的质地、款式、形式有不同的要求。

（3）佩戴饰物应注意男女差别。女性佩饰的种类繁多，选择范围广。男性佩饰应少而精。千万不要佩饰得花里胡哨，损害男子汉的阳刚之气。

（4）注意佩饰的对象不同。根据不同的场合、不同的活动内容选择佩饰。

（5）佩戴饰物要注意整体协调。在佩戴饰物时，还要考虑人、环境、心情、服饰风格等诸多因素间的关系，协调一致地搭配，恰到好处地点缀，才能达到佩饰应有的目的。

播音员主持人在把握造型与栏目内容、风格统一的前提下，可以根据自身的发型、化妆、着装等条件适当佩戴饰物。佩戴饰物的要求：数量宜少不宜多；颜色与服装色调相协调；形态与气质相吻合，形状不宜过大；质量在屏幕上效果好，不宜过亮。饰物佩戴是否得体是播音员主持人综合素质的体现。

表现职业形象的基本要求

1. 体现媒体的责任和个人的品德

大众传媒承担着重大的社会责任，广播电视理应成为受众开拓眼界、提高素质的良师益友和陶冶情操、愉悦身心的精神园地。广播电视播音员主持人直接代表广播电台、电视台的形象，言谈举止有着广泛的社会影响和示范效应，应自觉树立良好的声屏形象，维护媒体公信力。要特别注意自身形象对社会文化建设有正面的引导和促进作用，坚决杜绝在着装、发型、语言、整体风格以及文化导向方面的低俗媚俗现象。符合中华民族的文化传统，尊重大众审美情趣和欣赏习惯。坚持民族化、本土化，坚持创作的主体性，不盲目模仿境外和外国人的形象。在当前的社会历史阶段，任何大众传播都不能超越特定的国家利益、特定的社会生活和民族文化心理，这是与大众传播自身的政治经济归属、对象的具体性和差异性相关的。不同民族的人们，生活习惯不同、道德观念不同、文化认同不同、接受心理不同、审美习惯不同，对传播的需求和期待也不同。适应民族性要求的传播，就容易契合人心，就容易为人们所喜闻乐见，就有利于民族优秀文化传统的继承和发展。播音员主持人要展示积极健康向上的形象和精神风貌。

2. 形象与节目相协调

播音员主持人的形象很大程度上是由特定节目的性质和要求决定的。如在新闻类及社会问题研讨类的专题节目中，播音员主持人的形象应是庄重大方、态度鲜明，给人以信任感；在教育类的知识性及服务性节目中，播音员主持人的形象应是多学博闻、亲切自然、平易谦和，给人以亲近感；在文艺类节目中，播音员主持人的形象应是热情洒脱、含蓄机敏，给人以愉悦感。

3. 语言与体态相和谐

在语言传播中，说话要有吸引力、感染力，体态也是很重要的。健康的、正确的、美好的体态，会为你的有声语言表达锦上添花，强化你所要表达的内容、情感，给受众留下深刻印象。相反，如果你在说话时，体态与你所表达的内容、情感不相符合、不协调、不正确，甚至不健康，就可能会给受众留下滑稽或其他不好的印象。由此可见，言语和形体的和谐配合，也是播音员主持人的一个重要课题，它同样反映了播音员主持人的修养气质。言语和形体的和谐，有助于构建良好的谈话氛围，即节目氛围，同时也体现了节目的品位，对于树立良好的媒体形象，也有至关重要的作用。

注重生活中的形象

1. 培养良好的语言习惯

播音员主持人处在广播电视传播的最前沿，运用有声语言向大众进行传播。播音员主持人必须规范使用国家通用语言文字，维护祖国语言和文字的纯洁，积极推广、普及普通话。从这个意义上来说，播音员主持人的语言面貌，对全社会有着不可替代的标志作用、示范作用、导向作用、规范作用和审美作用。因此，播音员主持人要注重自己的语言修养，在生活中就要注意培养自己良好的语言习惯。首先，要注重语言的规范。语言的规范主要包括：语音的规范。不论在工作还是生活中，要始终使用普通话。不模仿和避免使用有地域特点的发音和表达方式，以及语调、语势和语气；词汇的规范。避免在生活中随意使用对规范语言有损害的方言土语、俚语、行话、文言词语、简称略语、生造词语等不规范用语及夹杂不必要的外语；语法的规范。用词造句要遵守现代汉语的语法规则，语序合理，修辞恰当，逻辑清楚。避免使用欧化句式、倒装句式等不符合汉语语法习惯的句式。其次，要注重语言的高雅文明，富有内涵，避免粗俗、庸俗。第三，要注重语言表情达意的真诚自然，通俗易懂，朴素大方，努力做到准确鲜明、生动丰富、朴实自然，避免矫揉造作、虚情假意，用词艰涩、单调，词不达意和煽情、夸张的表达。第四，要培养自己较为流畅的语言表达习惯，避免语言不流畅，断断续续，结结巴巴的现象。第五，也是非常重要的一点，就是要在日常生活中注重语言的品位。这既是媒体修养和素质的体现，也是播音员、主持人修养和素质的体现。

2. 使用规范的体态语言

播音员主持人是公众人物，其言谈举止有广泛的社会影响和示范效应。在工作和生活中，要严格约束自己的日常行为，保持良好的仪表和文明举止。一般来说，人在公众场合的体态常常以站、坐、走等姿势体现。不同的姿势、不同的表现，有其不同的作用，反映着人的不同心态，同时也会给他人以不同的印象。

体态语，是人类传情达意的无声语言。不同的体态语传达着人类的不同情感和用意。国外有研究表明，人的感情和态度可以由文字表达的只有百分之七，语调表达的为百分之三十八，而非语言行为却能表达百分之五十五。所以，播音员主持人在生活中要养成使用规范的体态语言的习惯，以便在播出时准确、得体、自如地运用好体态语言，准确传递和反映节目内容。

3. 注意言谈举止的社会影响

首先，要确立正确的公众人物观念。不以个人知名度和社会影响寻求利益，谋求优惠、照顾和方便。在涉及个人的纠纷中，不以强调个人工作身份和个人知名度影响、干扰和破坏法律、法规的实施。有公众人物的自觉意识，愿意接受社会、公众和媒体较常人更为严格的监督。

其次，应严格约束日常行为。不但在工作中，在生活中也要保持良好仪表和文明举止。自尊自爱，自觉抵制拜金主义、享乐主义、个人主义的侵蚀，不参加任何有损于媒体形象、自身形象的组织和活动，不利用工作、身份之便，直接或间接地为本人、亲属及其他人牟取私利。

4. 尊重和保护好自己的职业形象和个人形象

播音主持工作的特点就决定了作为公众人物的播音主持人即使是在日常生活中也无法将个人形象与职业形象完全分开。播音主持人对于自身形象的尊重与保护既是对生活中的自我的塑造又是对职业中的自我的塑造。因此，播音主持人在任何环境中都要严于律己，要求自己无论在参与社交、出席活动、日常娱乐还是网络空间等各种情境中都要规范语言的使用、保持大方的仪态、把握真挚的情感、表达清晰的观点和作出正确的导向。

《广播电视播音主持业务》模拟试卷与参考答案

《广播电视播音主持业务》
模拟笔试试卷（一）

1. 笔试题满分为100分。

2. 笔试考试时间为150分钟。

3. 考试方式为闭卷考试。

4. 试题类型包括选择题、简答题、写作题。

一、单项选择题（本大题共24个小题，每小题1分，共24分）

1. 播音主持是一项（　　）的活动。
   A. 新闻性　　　　　　　B. 艺术性
   C. 创造性　　　　　　　D. 文化性

2. 播音主持工作的根本属性是（　　）。
   A. 创造性　　　　　　　B. 新闻性
   C. 文化性　　　　　　　D. 艺术性

3. 播音创作的基本要素有（　　）。
   A. 画面、稿件、受众　　B. 创作主体、创作依据、受众
   C. 播音员、舞台、观众　D. 创作主体、灯光、受众

4. 保守国家秘密是对播音员主持人（　　）要求的规定。
   A. 责任　　　　　　　　B. 道路
   C. 品格　　　　　　　　D. 素质

5. 播音员主持人应追求（　　）。
   A. 知名度　　　　　　　B. 个性
   C. 轰动效应　　　　　　D. 德艺双馨

111

6. 自觉遵守宪法和法律、法规，是对播音员主持人（　　）的规定。
   A. 品格　　　　　　　　B. 道德
   C. 素质　　　　　　　　D. 责任

7. 播音员主持人的政治意识是指（　　）。
   ① 党性意识　② 喉舌意识　③ 大局意识　④ 纯客观意识
   A. ①②　　　　　　　　B. ②③
   C. ③④　　　　　　　　D. ①②③

8. 由人的发音器官所发出的具有一定意义的声音叫（　　）。
   A. 播音　　　　　　　　B. 语言
   C. 语音　　　　　　　　D. 语汇

9. 语言是声音和（　　）的结合体。
   A. 情感　　　　　　　　B. 语意
   C. 气息　　　　　　　　D. 说话

10. 普通话中有（　　）个辅音字母。
    A. 20　　　　　　　　　B. 21
    C. 22　　　　　　　　　D. 23

11. 普通话声母按发音部位可以分为（　　）类。
    A. 5　　　　　　　　　B. 6
    C. 7　　　　　　　　　D. 8

12. 普通话声母按发音方法可以分为（　　）种。
    A. 5　　　　　　　　　B. 6
    C. 7　　　　　　　　　D. 8

13. 普通话声母还有送气和不送气区分，这种区分只在塞音和（　　）中进行。
    A. 擦音　　　　　　　　B. 清音
    C. 浊音　　　　　　　　D. 塞擦音

14. 普通话中有（　　）个韵母。
    A. 30   B. 32
    C. 38   D. 39

15. 在普通话的发声中，（　　）对声音的圆润、响亮有直接的影响。
    A. 辅音   B. 声调
    C. 韵母   D. 声母

16. 普通话三音节词的轻重格式常见的有中中重、（　　）、中轻重三种，其中以中中重格式最多。
    A. 中重轻   B. 重轻中
    C. 轻重轻   D. 重中中

17. 播音主持是（　　）工作的一个组成部分。
    A. 广播   B. 电视
    C. 广播电视   D. 新闻

18. 播音主持用声一般应该在自然音域内，（　　）的部分运用较多。
    A. 中声区   B. 高声区
    C. 低声区   D. 中声区偏低

19. 播音发声采用（　　）呼吸法。
    A. 胸式   B. 腹式
    C. 丹田   D. 胸腹联合式

20. 播音或主持节目时语音含混、咬字不清，是因为（　　）的原因造成的。
    A. 气息不畅   B. 共鸣不好
    C. 唇舌力度不够 D. 韵母发音不正确

21. 播音感受从量的积累到向质的飞跃的过程，指的是（　　）。
    A. 形象感受   B. 整体感受
    C. 逻辑感受   D. 情绪感受

113

22. 播音员主持人在调动思想感情的时候，往往会对事情的各个方面进行想象和联想，这就是通常所说的（　　）。
　　A. 具体感受　　　　　　B. 形象感受
　　C. 内在想象　　　　　　D. 情景再现

23. 语气声音形式的表现方式是（　　）。
　　A. 节奏　　　　　　　　B. 语势
　　C. 感受　　　　　　　　D. 重音

24. 播音节奏的核心是（　　）。
　　A. 抑扬顿挫　　　　　　B. 紧张舒缓
　　C. 低沉高亢　　　　　　D. 声音形式的回环往复

二、简答题（本大题共 4 小题，每小题 10 分，共 40 分）

25. 简述播音主持的语言特点。

26. 在播音主持中，调动感情的主要手段是什么？

27. 简述新闻消息播音的具体要求。

28. 狭义备稿的六个步骤是什么？

三、**写作题**（议论文，本题36分，字数800字以上）

29. 谈谈播音员主持人的社会责任意识。

模拟笔试试卷（一）参考答案

一、单项选择题（本大题共24个小题，每小题1分，共24分）

1. C 2. B 3. B 4. A 5. D 6. D 7. D 8. C
9. B 10. B 11. C 12. A 13. D 14. D 15. C 16. A
17. D 18. D 19. D 20. C 21. B 22. D 23. B 24. D

二、简答题（本大题共4小题，每小题10分，共40分）

25. 答题要点：

规范性、庄重性、鼓动性、时代感、分寸感、亲切感。

26. 答题要点：

情景再现、内在语、对象感。

27. 答题要点：

叙事清楚、新鲜感强、语言朴实、节奏明快。

28. 答题要点：

划分层次；概括主题；联系背景；明确目的；分清主次；确定基调。

三、写作题（议论文，本题 36 分，字数 800 字以上）

29. 谈谈播音员主持人的社会责任意识。

[评分说明]

① 观点正确，导向鲜明（10 分）；

② 论证清晰，逻辑严密（10 分）；

③ 语言生动，文字流畅（10 分）；

④ 800 字以上 6 分，不满 800 字的，每差 50 字减 1 分。

《广播电视播音主持业务》
模拟笔试试卷（二）

1. 笔试题满分为 100 分。
2. 笔试考试时间为 150 分钟。
3. 考试方式为闭卷考试。
4. 试题类型包括选择题、简答题、写作题。

一、单项选择题（本大题共 24 个小题，每小题 1 分，共 24 分）

1. 普通话声母中，清音和浊音的区分是（　　）。
   A. 发音是否响亮　　　　　B. 发音是否圆润
   C. 发音时是否产生摩擦　　D. 声带颤动与否

2. 在有声语言的表达中，（　　）对音色的变化产生直接的影响。
   A. 呼吸　　　　　B. 情感
   C. 韵母　　　　　D. 语气

3. 播音吐字归音将汉语音节的发音过程分为出字、（　　）、归音。
   A. 叼字　　　　　B. 吐字
   C. 立字　　　　　D. 收字

4. 播音员主持人"思想感情的运动状态"是指（　　）。
   A. 播音员主持人对外界刺激的估量、判断和评价的反应
   B. 一种只可意会，可遇而不可求的精神状态
   C. 播音员主持人的思想感情随着语言内容的发展而不断变化的状态
   D. 从有声语言转换到文字并激发创作愿望的过程

5. 播音创作中，语句本质是指句子在具体的语言环境中深层的内在含义和态度感情，一般要结合（　　）来分析。
   A. 句群　　　　　　　　　B. 文章的中心思想
   C. 上下文的语境　　　　　D. 话语对象

6. 内在语为播音表达提供了充实的内心依据，其作用概括起来有两大方面：一是揭示语句（　　），二是揭示语言链条。
   A. 目的　　　　　　　　　B. 本质
   C. 语气本质　　　　　　　D. 感受态度

7. 内在语给播音员主持人提供内心依据，充当语言链条并用来揭示（　　）。
   A. 内心情感　　　　　　　B. 语句本质
   C. 语气本质　　　　　　　D. 感受态度

8. 语气声音形式的表现方式是（　　）。
   A. 节奏　　　　　　　　　B. 语势
   C. 感受　　　　　　　　　D. 重音

9. 语气的"形"是声音形式，语气的"神"是（　　）。
   A. 节奏　　　　　　　　　B. 语势
   C. 思想感情　　　　　　　D. 语句的色彩

10. 主持人在掌握串联的结构技巧时，首先要明确串联的基础和前提是节目的（　　）。
    A. 整体构思　　　　　　　B. 语言加工
    C. 和谐　　　　　　　　　D. 节奏

11. 以下选项中（　　）不属于播音风格的特征。
    A. 可感性　　　　　　　　B. 独特性
    C. 一般性　　　　　　　　D. 多样性

12. 播音主持风格是指（　　）。

   A. 播音员主持人的个性特征

   B. 播音员主持人在播音中的性格外化

   C. 播音员主持人的审美取向

   D. 播音员主持人在播音创作中所体现出来的创作个性和艺术特色

13. 播音员主持人代表着媒体形象，本质上传达的是（　　）的声音。

   A. 党和政府　　　　　　B. 节目

   C. 栏目　　　　　　　　D. 电台、电视台

14. 塑造播音员主持人形象有助于（　　）。

   A. 打造明星

   B. 提升知名度

   C. 吸引眼球

   D. 提升媒体形象、传播先进文化

15. 体态语中手势包括手指的显示、手掌的显示和（　　）的显示。

   A. 目光　　　　　　　　B. 手心

   C. 双臂　　　　　　　　D. 上臂

16. 播音主持是指播音员主持人运用有声语言和（　　）通过广播、电视传媒所进行的传播信息的创造性活动。

   A. 体态语言　　　　　　B. 镜头语言

   C. 形体语言　　　　　　D. 画面语言

17. 播音员主持人化妆造型的基本原则是以（　　）为本。

   A. 时尚　　　　　　　　B. 真实自然

   C. 生动　　　　　　　　D. 亲切

18. 播音员主持人的形象首先应该与（　　）相吻合。

　　A. 语言　　　　　　　　B. 个性

　　C. 节目　　　　　　　　D. 服饰

19. 主持话题的进行，离不开（　　）和转换。

　　A. 重复　　　　　　　　B. 抒情

　　C. 冲突　　　　　　　　D. 衔接

20. 串联词的特点是（　　）。

　　A. 层次分明　　　　　　B. 理论性强

　　C. 见解独到　　　　　　D. 短小精悍

21. 尖音现象是因为发音过程中（　　）的不正确造成的。

　　A. 发音部位　　　　　　B. 发音方法

　　C. 舌位　　　　　　　　D. 口型

22. 平舌音与翘舌音的区别主要是（　　）的不同。

　　A. 发音方法　　　　　　B. 发音部位

　　C. 清浊　　　　　　　　D. 送气与否

23. 普通话音节由（　　）构成。

　　A. 声、韵、调　　　　　B. 语流音变

　　C. 声、韵　　　　　　　D. 元音、辅音

24. （　　）是理解到表达的桥梁。

　　A. 感受　　　　　　　　B. 停顿

　　C. 重音　　　　　　　　D. 节奏

二、简答题（本大题共 4 小题，每小题 10 分，共 40 分）

25. 简述播音员主持人的责任意识。

121

26. 普通话中，上声变调都有哪些规律？

27. 简述语音形成过程中的构字原理。

28. 备稿应该注意哪些问题？

三、写作题（1题，本题36分，字数800字以上）

29. 结合抗战胜利70周年报道，论述播音主持在重大事件报道中的作用。

模拟笔试试卷（二）参考答案

一、单项选择题（本大题共24个小题，每小题1分，共24分）

1. D 2. B 3. C 4. C 5. C 6. B 7. B 8. B
9. C 10. A 11. C 12. D 13. A 14. D 15. C 16. A
17. B 18. C 19. D 20. D 21. A 22. B 23. A 24. A

二、简答题（本大题共4小题，每小题10分，共40分）

25. 答题要点：

自觉宣传党的路线、方针、政策的责任；自觉建设先进文化的责任；自觉反映、满足、维护广大人民群众根本利益的责任；自觉强化全社会的思想道德建设的责任。

26. 答题要点：

上声变调规律：上声音节在非上声音节前，即在阴平、阳平、去声和轻声音节前时调值由214变为21，上声音节在上声音节前时前面一个音节的调值由214变为35。

27. 答题要点：

语音形成的过程是口腔诸咬字器官的动作对喉部发出的声束和肺部呼出的气流节制加工的过程。不同的节制加工方式形成不同的元音、辅音组合成音节。

28. 答题要点：

高度重视，认真备稿；备稿应准确迅速；备稿不能机械死板；处理好备稿质与量的关系。

三、写作题（1题，本题36分，字数800字以上）

29. 结合抗战胜利70周年报道，论述播音主持在重大事件报道中的作用。

［评分说明］

① 观点正确，导向鲜明（10分）；

② 论证清晰，逻辑严密（10分）；

③ 语言生动，文字流畅（10分）；

④ 800字以上6分，不满800字的，每差50字减1分。

《广播电视播音主持业务》
模拟笔试试卷（三）

1. 笔试题满分为 100 分。

2. 笔试考试时间为 150 分钟。

3. 考试方式为闭卷考试。

4. 试题类型包括选择题、简答题、写作题。

一、单项选择题（本大题共 24 个小题，每小题 1 分，共 24 分）

1. 音素是语音的（　　）单位。

　　A. 最小　　　　　　　　B. 最大

　　C. 基本　　　　　　　　D. 独立

2. 内在语是播音员主持人的（　　）活动。

　　A. 情感　　　　　　　　B. 心理

　　C. 联想　　　　　　　　D. 言语

3. 国际通用的"TPO"着装原则是指（　　）。

　　A. 简洁、恰当、适度　　B. 规范、大方、得体

　　C. 精美、文雅、时尚　　D. 时间、地点、场合

4. 生活中，播音员主持人的语言除了规范、流畅、真诚自然外，还要重视（　　）。

　　A. 语言的规范性　　　　B. 语言的品质

　　C. 方言　　　　　　　　D. 外语

5. 以下选项中，不属于播音风格的特征的是（　　）。

　　A. 可感性　　　　　　　B. 独特性

C. 一般性 D. 多样性

6. 在处理情、声、气的关系中，要重点抓住（　　）这个根本。

   A. 情 B. 声
   C. 气 D. 音

7. 在播音主持中，对象的设想应该依据（　　）和主题。

   A. 传媒特点 B. 节目内容
   C. 个人风格 D. 播出环境

8. 由人的发音器官所发出的具有一定意义的声音叫（　　）。

   A. 播音 B. 语音
   C. 语言 D. 喉音

9. 普通话声调的作用是（　　）。

   A. 延长声音 B. 区别意义
   C. 增强语势 D. 节奏变化

10. 新闻评论类话题操作中最关键的两个问题是（　　）。

    A. 选题和立论 B. 嘉宾与观众
    C. 主持和场地 D. 趣味与幽默

11. "一"的变调规律是：非去声音节前变去声；去声音节前变（　　）。

    A. 阴平 B. 阳平
    C. 上声 D. 去声

12. 作为播音的外部技巧之一，语气存在于（　　）之中。

    A. 词语 B. 句子
    C. 段落 D. 篇章

13. 播音主持中语气的灵魂是（　　）。

    A. 气息 B. 语势
    C. 语调 D. 具体的思想感情

14. 播音员主持人代表着媒体形象，本质上传达的是（　　）的声音。
   A. 党和政府　　　　　　B. 节目
   C. 栏目　　　　　　　　D. 电台、电视台

15. 广播电视播音主持的根本属性是（　　）。
   A. 文学性　　　　　　　B. 艺术性
   C. 新闻性　　　　　　　D. 技术性

16. 串联词的特点是（　　）。
   A. 层次分明　　　　　　B. 理论性强
   C. 见解独到　　　　　　D. 短小精悍

17. 播音员主持人化妆造型的基本原则是以（　　）为本。
   A. 时尚　　　　　　　　B. 真实自然
   C. 生动　　　　　　　　D. 亲切

18. 播音员主持人的形象首先应该与（　　）相吻合。
   A. 语言　　　　　　　　B. 个性
   C. 语气　　　　　　　　D. 节目

19. 电视播音员主持人屏幕形象的基本要求是庄重大方、文明得体、（　　）、亲切可感。
   A. 真实自然　　　　　　B. 浓墨重彩
   C. 极力渲染　　　　　　D. 突出自己

20. 语气的"形"是（　　）。
   A. 声音形式　　　　　　B. 语势
   C. 节奏　　　　　　　　D. 重音

21. 语气的"神"是（　　）。
   A. 节奏　　　　　　　　B. 重音
   C. 停连　　　　　　　　D. 思想感情

22. 主持话题的进行，离不开衔接和（　　）。

　　A. 重复　　　　　　　　B. 抒情

　　C. 讲道理　　　　　　　D. 转换

23. 吐字归音分为出字、（　　）、归音三个阶段。

　　A. 立字　　　　　　　　B. 发声

　　C. 弹字　　　　　　　　D. 叼字

24. （　　）是理解到表达的桥梁。

　　A. 感受　　　　　　　　B. 停顿

　　C. 重音　　　　　　　　D. 节奏

二、简答题（本大题共 4 小题，每小题 10 分，共 40 分）

25. 简述播音主持的正确创作道路。

26. 简述备稿六步的顺序。

27. 播音员主持人的政治意识是指哪些方面？

28. 简述播音主持工作的作用。

三、写作题（1题，本题36分，字数800字以上）

29. 请结合工作实际谈谈对习近平同志在党的新闻舆论工作座谈会讲话的理解和认识。

模拟笔试试卷（三）参考答案

一、单项选择题（本大题共24个小题，每小题1分，共24分）

1. A   2. B   3. D   4. B   5. C   6. A   7. B   8. B
9. B   10. A   11. B   12. B   13. D   14. A   15. C   16. D
17. B   18. D   19. A   20. A   21. D   22. D   23. A   24. A

二、简答题（本大题共4小题，每小题10分，共40分）

25. 答题要点：

播音主持的正确创作道路可以简单概括为理解稿件——具体感受——形之于声——给予受众。

26. 答题要点：

备稿六步的顺序是：划分层次、概括主题、联系背景、明确目的、分清主次、确定基调。

27. 答题要点：

要有党性意识；要做好党、政府、人民的喉舌；要发挥好上情下达和下情上达的桥梁作用。

28. 答题要点：

传递信息，体现态度，揭示语义内涵，表明思想实质，具有了解和认识社会的作用；传达感情，形象具体生动，吸引感染受众，具有鼓舞、教育、激励作用；规范美化语言，建设语言文明，具有语言表达的审美示范作用。

三、写作题（1题，本题36分，字数800字以上）

29.请结合工作实际谈谈对习近平同志在党的新闻舆论工作座谈会讲话的理解和认识。

［评分说明］

① 观点正确，导向鲜明（10分）；

② 论证清晰，逻辑严密（10分）；

③ 语言生动，文字流畅（10分）；

④ 800字以上6分，不满800字的，每差50字减1分。

《广播电视播音主持业务》
模拟笔试试卷（四）

1. 笔试题满分为 100 分。
2. 笔试考试时间为 150 分钟。
3. 考试方式为闭卷考试。
4. 试题类型包括选择题、简答题、写作题。

一、单项选择题（本大题共 24 个小题，每小题 1 分，共 24 分）

1. 播音主持是指播音员主持人运用有声语言和（　　）通过广播、电视传媒所进行的传播信息的创造性活动。
   A. 体态语言　　　　　　B. 镜头语言
   C. 形体语言　　　　　　D. 画面语言

2. 播音员主持人在传播过程中首先要树立的意识是（　　）。
   A. 道德意识　　　　　　B. 责任意识
   C. 公众意识　　　　　　D. 政策意识

3. 体态语中手势包括手指的显示、手掌的显示和（　　）的显示。
   A. 目光　　　　　　　　B. 双臂
   C. 手心　　　　　　　　D. 上臂

4. 主持人临场应变首先要求做到（　　）。
   A. 举重若轻　　　　　　B. 反应迅速
   C. 心理自控　　　　　　D. 准备充分

5. 播音主持风格是指（　　）。
   A. 舆论导向正确　　　　B. 主题明确具体

C. 叙事清楚自然　　　　　　D. 创作个性和艺术特色

6. 播音员主持人尊重被采访对象，首先要注意（　　）。

　　A. 提问　　　　　　　　　B. 礼貌

　　C. 交流　　　　　　　　　D. 启发

7. 以下选项中，不属于播音风格的特征的是（　　）。

　　A. 可感性　　　　　　　　B. 独特性

　　C. 一般性　　　　　　　　D. 多样性

8. 广播电视播音主持的根本属性是（　　）。

　　A. 文学性　　　　　　　　B. 艺术性

　　C. 新闻性　　　　　　　　D. 媒体性

9. 语气声音形式的表现方式是（　　）。

　　A. 层次分明　　　　　　　B. 语势

　　C. 重音　　　　　　　　　D. 短小精炼

10. 语气的"形"是声音形式，语气的"神"是（　　）。

　　A. 节奏　　　　　　　　　B. 语势

　　C. 思想感情　　　　　　　D. 处理技巧

11. 普通话声母中，清音和浊音的区分是（　　）。

　　A. 口腔是否控制　　　　　B 牙关是否打开

　　C. 发音是否圆润　　　　　D. 声带颤动与否

12. 尖音现象是因为发音过程中（　　）的不正确造成的。

　　A. 发音部位　　　　　　　B. 发音方法

　　C. 舌位　　　　　　　　　D. 气息

13. 平舌音与翘舌音的区别主要是（　　）的不同。

　　A. 发音方法　　　　　　　B. 发音部位

　　C. 清浊　　　　　　　　　D. 送气与否

133

14. 作为播音的外部技巧之一，语气存在于（　　）之中。
    A. 词语   B. 句子
    C. 段落   D. 篇章

15. 新闻评论类话题操作中最关键的两个问题是（　　）。
    A. 选题和立论   B. 嘉宾与观众
    C. 主持和场地   D. 趣味与幽默

16. 普通话音节由（　　）构成。
    A. 声、韵、调   B. 语流音变
    C. 声、韵   D. 元音、辅音

17. （　　）是理解到表达的桥梁。
    A. 感受   B. 停顿
    C. 重音   D. 节奏

18. 吐字归音分为出字、立字、（　　）三个阶段。
    A. 归音   B. 发声
    C. 弹字   D. 叼字

19. 播音语言的特点可以概括为（　　）、庄重性、鼓动性。
    A. 主观性   B. 规范性
    C. 主动性   D. 创造性

20. 播音主持中语气的灵魂是（　　）。
    A. 气息   B. 语势
    C. 语调   D. 具体的思想感情

21. 播音时语音含混、咬不住字，是因为（　　）的原因造成的。
    A. 气息不通畅   B. 唇舌力度不够
    C. 大舌头   D. 共鸣

22. 发音时字音不够圆润是因为（　　）的发音训练不够造成的。
    A. 声母   B. 韵母
    C. 声调   D. 语流音变

23. 普通话声调的作用是（　　）。
    A. 延长声音   B. 区别意义
    C. 增强语势   D. 变换音位

24. 音素是语音的（　　）单位。
    A. 最小   B. 最大
    C. 基本   D. 独立

二、简答题（本大题共 4 小题，每小题 10 分，共 40 分）

25. 简述普通话的语音特点。

26. 简述播音发声呼吸控制的要领。

27. 简述情景再现的展开过程。

28. 简述广播电视即兴口语表达的原则。

三、写作题（议论文，本题36分，字数800字以上）

29. 谈谈对习近平同志关于党的新闻舆论工作职责使命的"48字"箴言的学习体会。

模拟笔试试卷（四）参考答案

一、单项选择题（本大题共24个小题，每小题1分，共24分）

1. A 2. B 3. B 4. B 5. D 6. B 7. C 8. C
9. B 10. C 11. D 12. A 13. B 14. B 15. A 16. A
17. A 18. A 19. B 20. D 21. B 22. B 23. B 24. A

二、简答题（本大题共4小题，每小题10分，共40分）

25. 答题要点：

普通话以北京语音为标准音。它具有以下特点：

① 音系比较简单，音节结构形式较少。

② 音节中元音占优势。

③ 四个声调抑扬分明且高音成分较多。

④ 音节之间间隔清晰。

⑤ 词的双音节化和轻重格式的区分，以及轻声、儿化的使用，使得有声语言表达更加准确、丰富。

26. 答题要点：

① 吸气的要领：吸气要深，两肋打开，腹壁"站定"。

② 呼气发声的要领：稳劲，持久，变化。

③ 换气的要领：两句话之间，可以从容换气。句首换气，吸气无声，换了就用，留有余地，句尾余气托送。而在句子中间可以进行少量补气。

27. 答题要点：

播音员主持人在具体的语言创作过程中，运用情景再现可以按以下四步来调动自己的思想感情。

第一步：理清头绪。第二步：设身处地。第三步：触景生情。第四步：现身说法。

28. 答题要点：

① 坚持真实的原则。② 坚持准确的原则。③ 坚持密集的原则。④ 坚持迅捷的原则。⑤ 坚持精美的原则。

三、写作题（议论文，本题36分，字数800字以上）

29. 谈谈对习近平同志关于党的新闻舆论工作职责使命的"48字"箴言的学习体会。

[评分说明]

① 观点正确，导向鲜明（10分）；

② 论证清晰，逻辑严密（10分）；

③ 语言生动，文字流畅（10分）；

④ 800字以上6分，不满800字的，每差50字减1分。

《广播电视播音主持业务》模拟笔试试卷（五）

1. 笔试题满分为100分。
2. 笔试考试时间为150分钟。
3. 考试方式为闭卷考试。
4. 试题类型包括选择题、简答题、写作题。

一、单项选择题（本大题共24个小题，每小题1分，共24分）

1. 用声音的轻重、高低变化来强调重音的方法是（　　）。
   A. 有无法　　　　　　　　B. 强弱法
   C. 快慢法　　　　　　　　D. 虚实法

2. 串联词的功能不包括（　　）。
   A. 沟通　　　　　　　　　B 交流
   C. 点化　　　　　　　　　D. 排除

3. 播音主持是一项（　　）的活动。
   A. 艺术性　　　　　　　　B. 文化性
   C. 新闻性　　　　　　　　D. 创造性

4. 播音主持工作的根本属性是（　　）。
   A. 创造性　　　　　　　　B. 文化性
   C. 新闻性　　　　　　　　D. 艺术性

5. 保守国家秘密是对播音员主持人（　　）要求的规定。
   A. 道德　　　　　　　　　B. 责任
   C. 品格　　　　　　　　　D. 素质

6. 语言是（　　）和意义的结合体。

　　A. 情感　　　　　　　　B. 声音

　　C. 技巧　　　　　　　　D. 气息

7. 由人的发音器官所发出的具有一定意义的声音叫（　　）。

　　A. 播音　　　　　　　　B. 语言

　　C. 语音　　　　　　　　D. 汉语

8. 在有声语言表达的发声中，对声音的圆润、响亮有直接影响的是（　　）的发音。

　　A. 辅音　　　　　　　　B. 声调

　　C. 韵母　　　　　　　　D. 声母

9. 在有声语言的表达中，（　　）对音色的变化产生直接的影响。

　　A. 呼吸　　　　　　　　B. 情感

　　C. 韵母　　　　　　　　D. 语气

10. 播音吐字归音将汉语音节的发音过程分为出字、（　　）、归音。

　　A. 叨字　　　　　　　　B. 吐字

　　C. 立字　　　　　　　　D. 收字

11. 播音员主持人在调动思想感情的时候，往往会对事情的各个方面进行想象和联想，这就是通常所说的（　　）。

　　A. 具体感受　　　　　　B. 形象感受

　　C. 内在想象　　　　　　D. 情景再现

12. 播音创作中，语句本质是指句子在具体的语言环境中深层的内在含义和态度感情，一般要结合（　　）来分析。

　　A. 句群　　　　　　　　B. 文章的中心思想

　　C. 上下文的语境　　　　D. 话语对象

13. 语气声音形式的表现方式是（　　）。
    A. 语势　　　　　　　　B. 节奏
    C. 感受　　　　　　　　D. 重音

14. 主持人在直播热线节目和现场谈话节目中，遇到棘手的问题需要回避时，可以采取（　　）的策略进行应变。
    A. 有意岔题，峰回路转　　B. 欲扬先抑，顺势而发
    C. 借题发挥，自圆其说　　D. 善解人意，及时调整

15. 以下选项中，不属于播音风格的特征的是（　　）。
    A. 一般性　　　　　　　B. 可感性
    C. 独特性　　　　　　　D. 多样性

16. 播音员主持人代表着媒体形象，本质上传达的是（　　）的声音。
    A. 电台、电视台　　　　B. 党和政府
    C. 节目　　　　　　　　D. 栏目

17. 播音主持是指播音员主持人运用有声语言和（　　）通过广播、电视传媒所进行的传播信息的创造性活动。
    A. 体态语言　　　　　　B. 镜头语言
    C. 形体语言　　　　　　D. 画面语言

18. 串联词的特点是（　　）。
    A. 层次分明　　　　　　B. 理论性强
    C. 见解独到　　　　　　D. 短小精悍

19. 播音员主持人的形象首先应该与（　　）相吻合。
    A. 语言　　　　　　　　B. 个性
    C. 节目　　　　　　　　D. 服饰

20. 主持话题的进行，离不开（　　）和转换。
    A. 重复　　　　　　　　B. 抒情
    C. 冲突　　　　　　　　D. 衔接

21. ( ) 是理解到表达的桥梁。
    A. 感受　　　　　　　　B. 停顿
    C. 重音　　　　　　　　D. 节奏

22. 播音主持中语气的灵魂是（ ）。
    A. 气息　　　　　　　　B. 语势
    C. 语调　　　　　　　　D. 具体的思想感情

23. 播音员主持人的语言、着装以及整体形象要坚决纠正（ ）的现象。
    A. 自然大方　　　　　　B. 个性鲜明
    C. 低俗媚俗　　　　　　D. 热情奔放

24. 内在语是播音员主持人的（ ）活动。
    A. 情感　　　　　　　　B. 心理
    C. 联想　　　　　　　　D. 言语

二、简答题（本大题共4小题，每小题10分，共40分）

25. 简述规范播音员主持人岗位工作的意义。

26. 简述播音主持工作的优良传统和作风。

27. 简述播音主持语言的特点。

28. 简述播音中重音运用的方式。

三、写作题（议论文，本题36分，字数800字以上）

29. 谈谈"走基层、转作风、改文风"活动对播音主持工作的重大意义。

模拟笔试试卷(五)参考答案

一、单项选择题(本大题共24个小题,每小题1分,共24分)

1. B 2. D 3. D 4. C 5. B 6. B 7. C 8. C
9. B 10. C 11. D 12. C 13. A 14. A 15. A 16. B
17. A 18. D 19. C 20. D 21. A 22. D 23. C 24. B

二、简答题(本大题共4小题,每小题10分,共40分)

25. 答题要点:

有助于培养严谨的工作作风;有利于提高播出质量;有助于塑造良好的媒体形象;以高水平、高质量的播出,树立自己的职业形象;以谦虚的态度和精湛的艺术,尊重和保护自己的职业尊严。

26. 答题要点:

坚定正确的政治方向;尽职尽责地承担职业责任;全方位主动积极学习积累广博的文化知识;一丝不苟地勤学苦练专业基本功;严谨细致的工作作风;表里如一的慎独品格;精益求精的敬业精神。

27. 答题要点:

规范性、庄重性、鼓动性、时代感、分寸感、亲切感。

28. 答题要点：

① 强弱法。这是一种用声音的轻重、高低变化来强调重音的方法。需要注意的是，重音不光可以用强和高的声音来强调，强中见弱，高中显低也不失为有效的方法。

② 快慢法。这是一种用声音的急缓、长短、顿连等变化来强调重音的方法。

③ 虚实法。这是一种通过声音的虚实变化来强调重音的方法。

三、写作题（议论文，本题36分，字数800字以上）

29. 谈谈"走基层、转作风、改文风"活动对播音主持工作的重大意义。

[评分说明]

① 观点正确，导向鲜明（10分）；

② 论证清晰，逻辑严密（10分）；

③ 语言生动，文字流畅（10分）；

④ 800字以上6分，不满800字的，每差50字减1分。

《广播电视播音主持业务》
模拟口试试卷（一）

1. 口试满分为100分。
2. 考试时间为5分钟，准备时间为10分钟。
3. 考试方式为闭卷，现场抽题，现场录像。
4. 试题类型包括文稿播读、话题主持。

一、文稿播读

（提示：新闻类文稿必读；财经类文稿、文艺类文稿，二者选读其一）

新闻类文稿

公安部：即日起继续在全国范围内展开"猎狐行动"

央广网北京5月5日消息（记者郭淼）　据中国之声《央广新闻》报道，根据天网行动的统一部署，公安部决定，从即日起，继续在全国范围内展开猎狐行动。

公安部副部长、"猎狐行动"领导小组组长孟庆丰表示，各级公安机关要认真贯彻落实习近平总书记重要指示精神和中央关于境外追逃追赃工作的决策部署，全力投入到中央反腐败协调小组部署的"天网行动"中来，进一步完善工作机制、提升整体合力，有逃必追、一追到底，力争境外追逃追赃工作取得更大战果。

孟庆丰说，要以"压存量、控增量，追逃追赃并举"为目标，明确追逃追赃重点对象，进一步提高缉捕质量，逐条制定细化工作方案，与有关部门通力合作，确保在年内追回一批重大经济犯罪案件和涉及腐败案件的境外逃犯；要完善信息化作战模式和快速反应机制，打造专业化作战队伍，加强国际执法合作，进一步提升办案水平，强化同步追赃理念，推进境外追逃追赃工作常态化、精细化、专业化建设；要更加严密防逃控逃，实现关口前移，将防逃控逃列为常态规定动作，在减少逃犯存量的同时坚决遏制增量，逐步形成"不敢逃、不能逃、不想逃"局面；要更加注重舆论宣传，重点宣传党和政府惩治腐败、追逃追赃的严正立场、坚定决心和政策主张，积极营造有利于境外缉捕的法治声威和舆论氛围。

国家预防腐败局副局长、中央纪委国际合作局局长刘建超代表中央反腐败协调小组国际追逃追赃工作办公室对公安机关境外追逃追赃工作给予充分肯定。他表示，"猎狐行动"是"天网行动"的重要组成部分和重要支撑。希望公安机关进一步开拓创新、迎难而上，坚定不移继续推进追逃追赃工作，不辜负党中央和人民群众的重托和信任。

据了解，在2016年"猎狐行动"开展的同时，公安部还将会同中国人民银行继续部署"打击利用离岸公司和地下钱庄向境外转移赃款"专项行动，配合中央有关部门部署开展"违规办理出国（境）证照问题专项问责行动"。

财经类文稿

中介统计数据显示：4月份住宅租赁成交量比3月下降25%

央广网北京5月5日消息（记者何源） 据中国之声《央广新闻》报道，随着春节返京务工租房需求的结束，北京租房市场在4月份进入了淡季。来自中介机构最新的一份统计数据显示，4月份北

147

京的住宅租赁成交量，比3月下降了25%。

根据我爱我家集团数据中心统计，今年4月份，整个北京区域内通过"我爱我家"达成的住宅租赁交易量比去年3月同期下降了25%，月房租均价为4574元/套，比3月略微上涨了1.6%，涨幅比3月份下降了1.3个百分点。分户型来看，其中一居室交易量占总交易量的33%，比上个月下降0.7个百分点，月租金均价是3995元/套，环比下降了0.6%；二居室交易占总量的46%，比上月减少0.2个百分点，月租金均价为4795元/套，环比是增长0.3%个百分点；三居室以及以上户型是占了21%，比上个月减少0.5个百分点的租赁量，但是月租金均价为4989元/套，环比是上升3.4%。

根据业内人士分析，北京4月份的三居室以上的大户型的租金上涨幅较大的原因，第一是租客合租的比例增加，对大户型房源的需求量较大，而由于目前买卖市场也是以改善型购房需求为主，也是对中大户型的需求量比较大，相对应的这类房源的量就显得相对紧张了。另外一方面，从小户型换成大户型的购房者在交易过程中，如果需要租房来过渡，这种需求基本上也都是三居以上的户型，在一定程度上也加剧了中大户型租赁房源供应的紧张情况。

文艺类文稿

北京大学举行珠峰攀登活动启动仪式

央广网北京5月4日消息（记者朱宏源）　据中国之声《央广新闻》报道，今天上午，北京大学在百周年纪念讲堂隆重举行珠峰攀登活动启动仪式，宣布北大山鹰社队员将联合富有登山经验的部分校友于2018年5月攀登世界最高峰——珠穆朗玛峰。那么此次攀登珠峰活动意义何在？面临第一高峰，攀登团队又做出了哪些准备？

今天是5月4号，这是属于青年人的节日。同时也是北京大学118周年校庆。上午北京大学在百周年纪念讲堂隆重举行了珠峰攀登活动的启动仪式，宣布北大山鹰社队员将联合富有登山经验的部分校友，于2018年5月攀登世界最高峰——珠穆朗玛峰。

此次攀登活动将遵循科学攀登、绿色攀登、人文攀登的理念，以安全第一为原则，不简单的以冲顶为目标，而是注重攀登过程中，学生的自我教育、自我成长。不以盲目征服自然为目标，而是注重在攀登过程中，将雪山还给自然，号召其他珠峰攀登的队伍共同理清珠峰上的杂物垃圾，不以追求功名为目标，而是注重发扬同学们之间的关爱，尊重生命和自然的人文情怀，淡化对于攀登结果的追求。

北京大学在介绍珠峰攀登活动的整体方案中提到，珠峰登山队员由山鹰社在校生和有登山经验的校友构成，其中来自山鹰社的在校队员在技术上拥有扎实的功底，并将在中国登山协会专家的指导下进行严格的选拔和训练。针对本次珠峰攀登活动中可能面临的路线难、高山病、自然气候条件差等主要风险，筹备团队已从路线规划、医疗救护进行预测和专业装备等方面制定了防控方法。方案最后还公布了几项重要的攀登活动时间节点，登山队将在两年的时间里，组织4—5次高海拔雪山攀登的训练。

据了解，山鹰社与诸多有登山经验的北大校友自2013年开始酝酿珠峰攀登的活动，自2015年着手开展筹备工作，经过了半年多的研究，制定了周密的风险防控报告，并得到了中国登山协会和西藏体育局专家的严格指导，各方面可预知的风险将被降到最低。

二、话题主持（选择任一话题类型进行现场主持）

1. 以"雾霾引发的城市污染"为话题，主持一档新闻评论节目。
2. 以"最美教师"为典型案例，宣传时代楷模精神，主持一档社教节目。
3. 以"健康养生"为话题，主持一档服务节目。

《广播电视播音主持业务》
模拟口试试卷（二）

1. 口试满分为 100 分。
2. 考试时间为 5 分钟，准备时间为 10 分钟。
3. 考试方式为闭卷，现场抽题，现场录像。
4. 试题类型包括文稿播读、话题主持。

一、文稿播读

（提示：新闻类文稿必读；财经类文稿、文艺类文稿，二者选读其一）

新闻类文稿

安监总局要求强化安全生产"黑名单"制度

安监总局近日下发通知，要求进一步加强生产经营单位安全生产不良记录"黑名单"制度管理，切实发挥"黑名单"制度在强化社会监督和有效防范遏制重特大事故等方面的作用。

通知指出，"黑名单"制度目的在于深化行政审批制度改革、强化事中事后监管，推进社会诚信体系建设；建立健全跨部门失信联合惩戒机制，形成"一处失信、处处受限"，督促生产经营单位诚信守法、落实安全生产主体责任，有效遏制重特大事故发生。

各地要提高对"黑名单"制度重要性的认识，进一步增强责任意识，进一步增强运用"黑名单"制度的意识，切实抓好这项制度的贯彻执行，积极发挥这项制度的作用。

通知要求，要明确各单位主要负责人是"黑名单"信息报送的第一责任人，建立生产经营单位安全生产失信行为信息采集、报送、发布和管理的制度化、规范化、常态化机制，在日常工作中及时全面采集发现的生产经营单位安全生产失信行为信息，及时向"黑名单"发布部门提供和更新信息，确保"黑名单"信息全面及时准确发布；要注重结合隐患排查治理、安全生产举报等制度，推动曝光一批重大安全隐患、惩治一批典型违法行为、通报一批"黑名单"企业、取缔一批非法违法企业、关闭一批不符合安全生产条件的企业。

通知强调，加大对纳入"黑名单"管理的生产经营单位的监管力度，要将纳入"黑名单"管理的生产经营单位作为重点监管监察对象，加大对纳入"黑名单"管理的生产经营单位的执法检查频次，确保每半年至少进行1次检查，每年至少约谈1次其主要负责人；发现有新的安全生产违法行为的，要依法依规从重处罚。

财经类文稿

国家发改委：整体投资下行压力仍不容忽视

国家发改委4日公布投资分析报告显示，一季度，在加强供给侧结构性改革和促投资稳增长政策"组合拳"带动下，全国整体投资形势继续好转，但制造业企业投资的意愿和能力不强，民营资本市场准入隐性壁垒依旧存在，房地产库存仍处高位，地方政府投融资能力不足，整体投资下行压力仍不容忽视。

据统计，一季度固定资产投资（不含农户）85843亿元，同比增长10.7%。投资运行呈现以下特点：一是基础设施投资保持高速增长，一季度达15384亿元，同比增长19.6%。二是房地产开发投资增速较大幅度反弹，房地产开发投资17677亿元，同比增长

6.2%，比 2015 年全年增速提高了 5.2 个百分点。三是新开工项目计划总投资大幅增加，新开工项目计划总投资 81403 亿元，同比增长 39.5%，比 2015 年全年增速提高了 34 个百分点。

但投资下行压力仍值得高度关注：一是制造业投资增速低位运行，一季度制造业投资 27716 亿元，同比增长 6.4%；二是到位资金增速明显回升但仍大幅低于投资增速，一季度投资到位资金 109250 亿元，同比增长 6.4%，比 2015 年全年增速降低了 1.3 个百分点；三是民间投资增速仍有所回落，一季度，民间投资 53197 亿元，同比增长 5.7%，比 2015 年全年增速降低了 4.4 个百分点。

文艺类文稿

电影《百鸟朝凤》即将公映

著名导演吴天明的遗作《百鸟朝凤》将于明日（6日）正式在全国公映。昨日，影片在广州举行媒体试映场。导演用细腻的情感讲述了一个民俗文化传承的问题，全片朴实而感人，相当过瘾。老戏骨陶泽如和男主角李岷城在片中也奉献了出彩演技，两人的师徒情感动了现场不少观众。值得一提的是，片中两位小鲜肉郑伟和胡先煦的表现也是可圈可点，尤其郑伟的哭戏赢得了不少喝彩。

影片讲述的是"吹唢呐"这门民俗技艺的传承。在兀双镇，吹唢呐这种传之久远的民间艺术对于挑选传承人相当慎重，只有接班的唢呐高手才有资格学吹《百鸟朝凤》这首高难度的曲子。而在办丧事时，也只有德高望重的故去者才值得吹这首曲子。老一代唢呐艺人焦三爷是个外冷内热的老人，看起来严肃古板，其实心怀热血，在培养接班人挑选接班人方面，他都有自己的原则。而徒弟游天鸣虽然天分不高却得到了师傅的青睐，最终成为接班人，师徒两人执意传承这门民俗技艺。经历了洋乐队的对抗、民俗的衰败，两人坚守的心却始终如一。

影片没有太多戏剧冲突，但感情细腻如绵里藏针，加上画面的乡土质朴和田园美感，不知不觉就让人沉溺其中。师傅对徒弟的感情，从一开始的冷待到后边的骄傲和托付重担，都可见真情流露；徒弟对师傅则从敬畏到后边如亲人般的依赖和敬重，也令人十分感动。此外，片中不少台词也让观众感触颇深，比如"唢呐不是吹给别人听的，是吹给自己听的"，很容易就让人联想到导演本身以及他的艺术创作，"无论时代如何变迁，人心如何浮躁，总有人保留最初的纯真。"

二、话题主持（选择任一话题类型进行现场主持）

1. 以"小学生该不该出国留学"为话题，主持一档新闻评论节目。
2. 以"明星吸毒被拘留"为话题，主持一档社教节目。
3. 模拟主持一场才艺比赛（冠亚军决赛）。

《广播电视播音主持业务》
模拟口试试卷（三）

1. 口试满分为100分。
2. 考试时间为5分钟，准备时间为10分钟。
3. 考试方式为闭卷，现场抽题，现场录像。
4. 试题类型包括文稿播读、话题主持。

一、文稿播读

（提示：新闻类文稿必读；财经类文稿、社教类文稿，二者选读其一）

新闻类文稿

英国政府愿接纳3千难民儿童　英网民担心引来难民潮

据英国《每日邮报》5月4日报道，迫于抗议者日渐高涨的呼声，英国首相卡梅伦最终于5月3日做出让步，同意为3000名来自欧盟难民营的儿童难民提供庇护。不过，尽管《每日邮报》和抗议者将卡梅伦的"大转变"视为"一场胜利"，一些英国网民却对此表示质疑。

在此之前，卡梅伦认为，英国接纳儿童难民"会鼓励"更多难民家长为了未来能借机涌入英国，而将孩子单独送上前往英国的危险旅途。因而，英国政府不愿接受儿童难民。

但是卡梅伦的上述表态招致巨大的反对声。最终迫于压力，卡梅伦不得不让步。但抗议者仍表示，"这场胜利还没有结束"，还将督促政府提供"足够资金",帮助儿童难民在英国"开始新生活"。

不过,一些英国网民显然不认为这是一场"胜利",他们认为英国没有责任接纳儿童难民,同时他们更是对这一事件可能带来的难民潮表示担忧。其中,呼声最高的评论说:"这件事情丢脸极了!在英国,我们有成千上万的儿童需要帮助。我们难道不应该先帮助他们吗?"

还有英国网民认为,3到12岁的儿童难民独自一人根本不可能长途跋涉。只要他们踏上英国领土,没过几个月,他们的父母就会跟过来借机要求和孩子在一起,最终3000的数量至少会变成4倍。

财经类文稿

倡导购租并举　保护承租人合法权益

国务院总理李克强4日主持召开国务院常务会议,决定对促进民间投资政策落实情况开展专项督查,着力扩大民间投资;部署推动制造业与互联网深度融合,加快"中国制造"转型升级;确定培育和发展住房租赁市场的措施,推进新型城镇化满足群众住房需求;部署促进通用航空业发展,以改革创新扩大有效内需。

会议指出,实行购租并举,发展住房租赁市场,是深化住房制度改革的重要内容,有利于加快改善居民尤其是新市民住房条件,推动新型城镇化进程。

会议确定,将发展住房租赁企业,支持利用已建成住房或新建住房开展租赁业务。鼓励个人依法出租自有住房。同时,允许将商业用房等按规定改建为租赁住房。此外,公租房将推进货币化安置,政府对保障对象通过市场租房给予补贴。其中,在城镇稳定就业的外来务工人员、新就业大学生和青年医生、教师等专业技术人员，凡符合条件的应纳入公租房保障范围。

会议同时指出，将增加租赁住房用地供应，并鼓励金融机构加大对租赁行业支持。另外，管理方面，将强化监管，推行统一的租房合同示范文本，规范中介服务，稳定租赁关系，保护承租人合法权益。

社教类文稿

两部门：严禁公办高中违反规定跨区域招生

人民网北京5月5日电（记者贺迎春） 教育部办公厅、人力资源社会保障部办公厅日前发布通知，要求各地做好2016年高中阶段学校招生工作，提出要严禁公办普通高中超计划、违反规定跨区域、以民办学校名义招生。

通知提出，要加强对贫困地区、县镇普通高中的帮扶力度，着力改善办学条件，扩大普通高中教育资源。各地要进一步完善和落实中考招生录取政策，保障符合当地规定条件的进城务工人员随迁子女平等接受高中阶段教育。

通知还要求，按照普职大体相当的要求，切实提高中等职业学校招生比例，使有意愿的初中毕业生都能够进入中等职业学校学习。对于希望升入中等职业学校的初三分流学生，可通过开设职业课程，或与中等职业学校合作等方式实行春季招生，待学生完成义务教育后，学籍转入中等职业学校。

二、话题主持（选择任一话题类型进行现场主持）

1. 以"食品安全"为话题，主持一档新闻评论节目。
2. 以"安全出行"为话题，主持一档社教节目。
3. 模拟主持一期彩票抽奖节目。

《广播电视播音主持业务》
模拟口试试卷（四）

1. 口试满分为 100 分。
2. 考试时间为 5 分钟，准备时间为 10 分钟。
3. 考试方式为闭卷，现场抽题，现场录像。
4. 试题类型包括文稿播读、话题主持。

一、文稿播读

（提示：新闻类文稿必读；财经类文稿、社教类文稿，二者选读其一）

新闻类文稿

人民网北京 5 月 5 日电（刘然） 5 日，工业和信息化部向中国广播电视网络有限公司（简称广电国网）颁发了《基础电信业务经营许可证》，这也标志着即日起，中国广播电视网络有限公司正式成为除中国电信、中国移动和中国联通外的我国第四家基础运营商。

中国广播电视网络有限公司 2014 年 5 月 28 日在北京正式挂牌成立，注册资金 45 亿，赵景春任董事长，梁晓涛任总经理。资料显示，中国广播电视网络有限公司公司的性质为国有独资，具有长期的营业期限，经营范围包括有线电视网络规划、建设、运营和维护，以及为开展上述业务所进行的技术研究、技术开发、信息咨询。还包括经相关部门批准后方可开展的依法须经批准项目的经营活动。

工信部消息称,为全面推广三网融合工作,进一步扩大电信、广电业务双向进入的深度和广度,促进市场竞争,依中国广播电视网络有限公司申请,工业和信息化部履行法定程序,于2016年5月5日向中国广播电视网络有限公司颁发了《基础电信业务经营许可证》,批准中国广播电视网络有限公司在全国范围内经营互联网国内数据传送业务、国内通信设施服务业务,并允许中国广播电视网络有限公司授权其控股子公司中国有线电视网络有限公司在全国范围内经营上述两项基础电信业务。

财经类文稿

截至2016年4月30日,房地产上市公司2015年年报和2016年一季度报公布完毕。从一季度业绩报告来看,房地产销售市场回暖明显,但房企净利润率呈现出继续下滑趋势。

中原地产研究部针对沪深两地122家房地产上市公司研究统计,这122家房企在2016年一季度的总营业收入达到了2100.96亿,同比涨幅高达53.3%。在市场升温的基础下,3/4的企业成交上升,122家企业中只有32家企业营收下滑。

在2016年一季度楼市相对火爆的情况下,房企普遍呈现了收入增幅大幅超过利润的现象。122家企业在2016年一季度的净利润合计为142.6亿。整体来看,同比2015年上涨了8.5%。71家房企出现了利润同比上涨。

但从净利润率看,122家房企平均净利润率为6.8%,相比2015年同期的10.3%依然呈现了非常明显的下调。中原地产首席分析师张大伟分析认为,"一季度的业绩显示,大部分企业的利率出现了非常明显的加速下调,预计房企的净利润率未来将维持下调的趋势"。

社教类文稿

教育部：确保学生"每天锻炼一小时"

　　教育部昨天召开新闻发布会，对国务院办公厅日前印发的《关于强化学校体育促进学生身心健康全面发展的意见》（以下简称《意见》）详细解读。根据《意见》，严禁削减、挤占体育课时间。各地各校要大力推动足球、篮球、冰雪运动等项目，确保学生每天锻炼一小时的校园活动时间，"对于学生体质健康水平持续三年下降的地区和学校，将在教育工作评估中实行一票否决。"教育部体育卫生与艺术教育司司长王登峰表示。

　　此次《意见》首次提出"让学生熟练掌握一至两项运动技能"。相关人士解读时表示，这不再只是让"学生动起来"，由此让学生养成"终身锻炼的习惯"。

　　体育课程设置上，各地中小学校要按照国家课程方案和课程标准开足开好体育课程，严禁削减、挤占体育课时间。有条件的地方可为中小学增加体育课时。高等学校要为学生开好体育必修课或选修课。同时，要大力推动足球、篮球、排球等集体项目，积极推进田径、游泳、体操等基础项目及冰雪等特色项目，广泛开展乒乓球、羽毛球、武术等优势项目。进一步挖掘整理民族民间体育，充实和丰富体育课程内容。

　　学校要将学生在校内开展的课外体育活动纳入教学计划，切实保证学生每天一小时校园体育活动。鼓励学生积极参加校外全民健身运动，中小学校要合理安排家庭"体育作业"，家长要支持学生参加社会体育活动，逐步形成家庭、学校、社区联动。

　　根据《意见》要求，学校要注重教体结合，完善竞赛体制。

学校每年至少举办一次综合性运动会或体育节,通过丰富多彩的校园体育竞赛,吸引广大学生积极参加体育锻炼。全国学生运动会每三年举办一届。

二、话题主持（选择任一话题类型进行现场主持）

1. 以"酒后驾车"为话题,主持一档新闻评论节目。
2. 以"最美医生"为话题,主持一档社教节目。
3. 模拟主持一档老年节目。

《广播电视播音主持业务》
模拟口试试卷（五）

1. 口试满分为 100 分。
2. 考试时间为 5 分钟，准备时间为 10 分钟。
3. 考试方式为闭卷，现场抽题，现场录像。
4. 试题类型包括文稿播读、话题主持。

一、文稿播读

（提示：新闻类文稿必读；财经类文稿、文艺类文稿，二者选读其一）

新闻类文稿

人民网 5 月 5 日电　据韩联社消息，美国共和党总统竞选人唐纳德·特朗普 4 日接受美国有线电视新闻网（CNN）采访时表示，包括韩国在内的盟友应承担 100% 的防卫费用，他还再次暗示若韩国不分摊更多军费驻韩美军有可能撤离。

日前，驻韩美军司令提名人文森特·布鲁克斯在参议院军事委员会听证会上表示，韩国承担驻韩美军人员费用的 50%，在被问及对此有何看法时，特朗普反问道："为何不承担 100% 的费用？"

对于韩国、日本、德国等美军驻扎的国家是否应承担一切费用，特朗普肯定地说，美国在保卫这些国家，因此这些国家应该自行承担一切相关费用。当前，美国充当世界警察，付出的军费远大于其他国家，这并不是为了美国，而是为了保卫他国，因此这些国家应当承担军费。

特朗普还说，若韩国不尊重美国，那么答案很明确，即应该自己防卫自己。这番言论暗示若韩美围绕军费的谈判破裂，美国将撤走驻韩美军。特朗普曾在竞选过程中多次表示，若他当选美国总统，将同欧洲和亚洲盟友重新启动防卫费谈判，若盟友不提高防卫费分摊比例，美军或从这些国家撤离。

另据共同社消息，特朗普对于日本提出了类似的看法，称若自己出任总统，想要求日本全额负担美军根据《日美安全保障条约》为日本防卫而支出的国防费。特朗普介绍称，"我与日本的关系非常好。"但同时他也表示，美国为日本防卫投入了巨额费用，明确表示"无法向凭借汽车行业成为经济大国的日本继续提供补贴"。

由于特朗普已锁定共和党提名，出现了当选总统的可能性，因此他的发言可能会进一步引起轩然大波。

财经类文稿

土地使用权到期后该如何续期？近日，温州市多套土地使用权到期的住房，再次引发了社会对住宅用地70年使用权"大限"的广泛关注。细化《物权法》中"自动续期"的路线图，尽快化解而不是拖延续期问题引发的焦虑，已经摆在有关部门和立法机构面前。

在温州"续期"事件中，讨论最多的莫过于《物权法》中对于土地使用权到期"自动续期"的解释。实际上，土地限期使用连带而来的房屋产权期限，一直是百姓关注的焦点。尤其在眼下房价高企的情况下，房屋是很多百姓最大的财富，一些家庭甚至拿出所有积蓄买房，从这一角度，如何续期涉及广大群众的切身利益，这也是公众对"使用期限"问题穷追不舍的重要原因。

改革开放初期，许多改革都是"摸着石头过河"，城镇土地使用制度改革也是如此。我国城市土地使用制度，曾经长期实行政府划拨，不允许转让流动，极大地制约了改革开放与城市发展的进程。1987年，深圳敲响了从无偿划拨到有偿使用的"第一槌"。1990年，国务院出台的《城镇国有土地使用权出让和转让暂行条例》拉开了全国改革序幕，规定住宅用地使用上限70年。其时，包括温州在内的一些地方为了推进工作，又在70年上限的基础上，对土地进行了分档、分价格出让。此次温州面临续期的，正是当年划分为20年限期档的土地。

这是温州此次续期事件的历史背景，在改革初期，当时的法规并没有过多涉及"到期后怎么办"的问题。在相关经验、法规不完善的环境中，温州等地的探索也是根据当时地方经济发展情况、土地使用情况而进行的。除了此前已经披露的深圳、重庆、青岛等城市的类似情况，随着时间的推移，对于70年的产权房来说，也终将面临同样的问题。

文艺类文稿

昨天，国家新闻出版广电总局《关于进一步规范电视剧以及相关广告播出管理的通知》曝光。《通知》对电视剧宣传行为进行了严格规范，要求各电视台、视听节目网站以及电视剧制作机构，不得以所谓"完整版""未删减版""未删节版""被删片段"等概念进行炒作。

在今年2月27日举行的全国电视剧行业年会上，广电总局就此曾专门点名批评过一些电视剧的不当宣传。去年底在北京卫视播出的《北上广不相信眼泪》就是个例子，有关该剧的大尺度画面曾在网络上流传，给观众造成导向有问题的错觉。北京卫视曾回应，网络上流传的不当内容，其实来自该剧尚在制作阶段时发布的第一版片花，制作完成交给北京卫视的时候，这些大尺度画面早已不复存在。

　　据悉，电视剧播出需要经过两轮许可，成片完成后首先要经过制作方所在地广电机构的审查，方具备在地面频道播出的资格；在准备拿给卫视平台播出前，须经广电总局的审核，以及电视台自身的审核。中国电视剧编剧委员会副秘书长余飞表示，只要经过广电总局的审核，不管在哪个平台播出的电视剧内容应该都是一致的，"所谓的大尺度只是宣传噱头。"

二、话题主持（选择任一话题类型进行现场主持）

1. 以"毒品的危害"为话题，主持一档新闻评论节目。
2. 以"学龄前儿童教育"为话题，主持一档社教节目。
3. 模拟主持一期天气预报节目。

后 记

为提高广播影视从业人员的素质,加强广播影视人才培训工作,我们针对当前广播影视岗位对人才能力和素质的要求,组织修订了"广播影视业务教育培训丛书"。"丛书"编印四本,分别是《广播电视综合知识》、《广播电视基础知识》、《广播电视业务》和《广播电视播音主持业务》。这四本书是广播电视编辑记者、播音员主持人的岗位培训教材,也可供有志成为广播电视编辑记者、播音员主持人的人员自学使用。

在"丛书"编写过程中,我们得到了来自部分中央和国家机关、教学和科研单位的领导和专家的支持。参加本"丛书"编写和修订工作的同志有(按姓氏笔画排序):马政、仇东方、方华、王顺生、卢静、叶庆丰、白占群、边立新、刘俐、孙树凤、孙聚成、成美、许颖、冷成金、吴弘毅、张俊、张玲、李忠杰、李晓华、杨小虎、陈先奎、陈亮、陈禹、周小普、周步恒、林鸿、罗哲宇、胡钧、赵小钦、郝大海、涂光晋、秦宣、贾建芳、梁坤、梁鸿鹰、傅程、温飙、谢忠民、鲁景超、熊智辉、魏开鹏等。

2016年,在本"丛书"修订过程中,我们得到了许多学者、老师的大力支持:参加《广播电视综合知识》修订的有山西传媒学院王美清、刘潇滨、范仙珍、裴京娟、张慧芳、刘玮、刘晓丹老师;参加《广播电视基础知识》修订的有山西传媒学院郭卫东、郭萍、文红老师;参加《广播电视播音主持业务》修订的有中国国际广播电台王浩瑜老师;参加《广播电视业务》修订的有中国

后 记

传媒大学刘年辉老师。2017年，根据新大纲要求，山西传媒学院的王美清副教授、裴京娟副教授对《广播电视综合知识》进行新知识点的补充，郭萍副教授对《广播电视基础知识》进行新知识点的补充。在此一并表示衷心的感谢。

在此，谨向为本"丛书"的编写、修订、出版予以大力支持的有关单位和付出辛勤劳动的专家学者及工作人员表示诚挚的感谢！

在编写修订过程中，还有一些专家给予了大力支持，我们也引用了部分资料，未能一一致谢，在此敬请谅解并表示感谢！由于时间仓促，本书中可能还会有一些疏漏，敬请读者理解。

广播影视业务教育培训丛书编写组

2017年6月